Christoph Drösser, geboren 1958, studierte in Bonn Mathematik und Philosophie. Er arbeitet als Redakteur bei der *Zeit*, für die er 1997 die Kolumne «Stimmt's?» ins Leben gerufen hat. 2005 kürte ihn das Medium-Magazin zum «Wissenschaftsjournalisten des Jahres».

Für die «Stimmt's?»-Bücher erweitert Drösser seine Kolumnen um interessante Tatsachen, die er bei der Recherche gefunden hat oder die ihm Leser nach dem Erscheinen zugeschickt haben. Im Rowohlt Taschenbuch Verlag erschienen bisher fünf Bände (rororo 60728, 60933, 61489, 62064 und 62310) sowie für clevere Kids ein «Stimmt's?»-Band und «Wie groß ist unendlich?» (rororo 21163 und 21311). Unter der Adresse **stimmts@zeit.de** nimmt Christoph Drösser auch weiterhin Fragen zu modernen Legenden und Alltagsweisheiten entgegen.

Marcus Weimer, geboren 1963, studierte an der Fachhochschule für Gestaltung in Hamburg. Als Rattelschneck arbeitet er gemeinsam mit Olav Westphalen unter anderem für *Titanic, Die Zeit, Süddeutsche Zeitung, Frankfurter Allgemeine Zeitung* und fürs Fernsehen. Er illustrierte alle bislang erschienenen «Stimmt's?»-Bände.

Christoph Drösser

Wenn die Röcke kürzer werden, wächst die Wirtschaft

Stimmt's? – Die besten modernen Legenden

Mit Illustrationen von Rattelschneck

Rowohlt Taschenbuch Verlag

Sonderausgabe
Veröffentlicht im Rowohlt Taschenbuch Verlag,
Reinbek bei Hamburg, Juli 2008
Copyright © 2008 by Rowohlt Verlag GmbH,
Reinbek bei Hamburg
Dieser Band wurde zusammengestellt
aus Artikeln der Taschenbücher: «Stimmt's?
Moderne Legenden im Test», Folgen 1 bis 5
Umschlaggestaltung ZERO Werbeagentur, München
(Illustration: Rattelschneck)
Satz Minion PostScript, InDesign,
bei KCS GmbH, Buchholz bei Hamburg
Druck und Bindung CPI – Clausen & Bosse, Leck
Printed in Germany
ISBN 978 3 499 62374 5

Inhalt

11 Vorwort

Aus dem Tier- und Pflanzenreich
14 Stiere «sehen rot»
16 Der Selbstmord der Lemminge
18 Der halbierte Regenwurm
19 Flugunfähige Hummeln
21 Tödlicher Hornissenstich
22 Die Punkte des Marienkäfers
24 Ein Pferd hat 1 PS
27 Baummord mit Kupfernagel
29 Flamingos: rosa Farbe durch Ernährung
30 Sonnenblumen drehen sich zur Sonne hin
32 Der Frosch im kochenden Wasser
33 Auch Fische müssen trinken
34 Hunde dürfen keine Hühnerknochen fressen

Dr. Stimmt's
36 Der hippokratische Eid
37 Cola und Salzstangen gegen Magenverstimmung
38 Mehr Kinder bei Vollmond
40 Splitter können zum Herzen wandern
42 Der Marlboro-Mann starb an Lungenkrebs
44 Man kann sterben, wenn man eine Zigarette isst
45 Joghurtdeckel ablecken führt zu Alzheimer
47 Lippen-Fettstifte können süchtig machen
48 Alkoholiker im Delirium sehen weiße Mäuse
50 Sekundenkleber als Wundverschluss
51 Vitamin C wirkt gegen Erkältungen
52 Schlangenbisse soll man aussaugen
54 Kokosmilch als Blutersatz

Ferne Länder

56 Japaner werden schneller betrunken

57 Chinesische Ärzte: Lohn nur bei gesunden Patienten

58 Asiaten vertragen keine Kuhmilch

59 Die Herkunft der «Missionarsstellung»

62 Indianer kennen keine Höhenangst

64 Indianer reißen sich die Barthaare aus

66 «Känguru» bedeutet: «Wie bitte?»

67 Babyboom nach Stromausfall

69 Der Fisch in der Harnröhre

70 Schlagartiger Sonnenuntergang am Äquator

71 Der Chimborazo ist der höchste Berg der Welt

73 Der Elbrus ist der höchste Berg Europas

74 Eskimos haben 20 Wörter für Schnee

77 Die staatliche Elfenbeauftragte Islands

78 Schweizer Männer haben ein Gewehr im Schrank

80 Die Schweizer Armee benutzt Schweizer Messer

Essen und Trinken

83 Abends essen macht dick

84 Man kann durch Fastenkuren den Körper entschlacken

85 Cola löst über Nacht ein Stück Fleisch auf

88 Coca-Cola enthielt früher Kokain

91 Red Bull enthält Urin von Stieren

92 Kaffee ist ein Flüssigkeitsräuber

93 Wenn Tee kurz zieht, regt er an, sonst beruhigt er

94 Tomatensaft im Flugzeug

96 Bei Hitze soll man Warmes trinken

97 Schoko-Nikoläuse werden zu Osterhasen umgeschmolzen

99 Schokolade enthält Rinder- oder Schweineblut

100 Aufgetautes soll man nicht wieder einfrieren

101 Pilze und Spinat soll man nicht aufwärmen

103 Die grünen Teile von Tomaten und Kartoffeln sind giftig

104 Abgeschreckte Eier lassen sich leichter pellen

107 Muscheln nur in Monaten mit «r»

108 Menschenhaar im Brötchen

109 Schimmel auf Brot ist giftig, Schimmel auf Käse nicht

110 Apfel mit Nägeln gegen Eisenmangel

112 Schnelleres Faulen in der Obstschale

113 Erdbeeraroma wird aus Sägespänen hergestellt

114 Fleisch anbraten, damit sich die Poren schließen

116 Man soll mit Olivenöl nicht braten

117 Lachs war früher ein «Arme-Leute-Essen»

119 Campari: rote Farbe ist Läuseblut

120 Ein gutes Pils braucht sieben Minuten

122 Von Wodka bekommt man keine «Fahne»

124 Man kann sich potenzielle Partner «schön trinken»

126 Beim Kochen verdampft Alkohol vollständig

128 Alkoholfreies Bier enthält Alkohol

Recht, Gesetz, Verbrechen

131 Ein Gesetz zum Wert von Pi

133 Die Deutschen sind Prozessweltmeister

134 Dreimal «Zahlen!» rufen – dann darf man gehen

136 Mord durch fein gemahlenes Glas im Essen

137 Bayern hat dem Grundgesetz nie zugestimmt

138 Briefmarken sind ungültig, wenn ein Zacken fehlt

140 «Happy Birthday» ist urheberrechtlich geschützt

142 Kommissare probieren Rauschgift mit dem Finger

144 Zum Tode Verurteilte bekommen eine «Henkersmahlzeit»

146 Das Vernichten von Geldscheinen ist strafbar

Der menschliche Körper

148 Tod durch destilliertes Wasser

150 Goldfinger: Tod durch Goldüberzug

152 Haare und Fingernägel wachsen nach dem Tod weiter

155 Auf der «inneren Uhr» hat der Tag 25 Stunden

157 Gähnen ist ansteckend

158 Stimme lässt Gläser platzen

160 Häufiges Schneiden lässt das Haar stärker wachsen

162 Neue Zellen alle sieben Jahre

163 Seltsamer Uringeruch nach dem Spargelessen

165 Jedes Baby kostet die Mutter einen Zahn

166 Höheres Gewicht durch «schweren Knochenbau»

167 Auch im Schatten wird man braun

168 Das Gehirn verbraucht 50 Prozent unserer Energie

169 Die Fähigkeit zum Zungenrollen ist genetisch bedingt

171 Wie die Nase eines Mannes, so auch sein Johannes

172 Träume in Schwarzweiß?

174 Das Leben im Zeitraffer

177 Wie viele Muskeln braucht man zum Lächeln?

178 Schlafwandler soll man nicht aufwecken

180 Menstruation und Mondphasen

182 Ohne BH leiern die Brüste aus

Geschichte

184 Die Zahl der Lebenden ist größer als die der Toten

186 Tonaufnahmen in alten Tongefäßen

189 Daumen hoch, Daumen runter

190 Im Mittelalter glaubte man, die Erde sei eine Scheibe

192 Es gab eine Päpstin Johanna

195 Kolumbus glaubte stets, in Indien gewesen zu sein

196 Luthers Spruch vom Rülpsen und Furzen

198 Gutenberg hat den Buchdruck erfunden

199 Das «Recht der ersten Nacht»

201 Das Hornberger Schießen hat stattgefunden

203 «Vertrauen ist gut, Kontrolle ist besser», sagte Lenin

205 Marie Antoinette riet den Armen zum Kuchenessen

206 Napoleon hat den Rechtsverkehr eingeführt

209 Marx und das «Opium des Volkes»

210 «Made in Germany» stand für schlechte Qualität

212 Der Weihnachtsmann stammt von Coca-Cola

213 Hitler ließ die erste Autobahn bauen

214 Hitler war Vegetarier

216 Der «Eiserne Vorhang» stammt von Churchill

218 Churchill traute keiner Statistik

220 «Sehr geehrte Damen und Herren, liebe Neger!»

222 Die ersten Worte auf dem Mond

225 «Wer zu spät kommt, den bestraft das Leben»

Leibesübungen

228 Der blaue Olympia-Ring steht für Europa

230 Langsames Joggen baut mehr Fett ab als schnelles

232 Muskelkater kommt von Milchsäure

233 Sportler schwitzen stärker

234 Man schwitzt auch beim Schwimmen

236 Schwimmen nach dem Essen?

238 Radfahren macht impotent

240 Die Royals und der Marathonlauf

241 Der Gefoulte soll nicht den Elfmeter schießen

242 Schneller Ball auf nassem Rasen

Haushalt, Fernsehen, Auto

244 Wenn die Röcke kürzer werden, wächst die Wirtschaft

246 Wie man sich im Spiegel ganz sehen kann

248 Der laufmaschenfeste Damenstrumpf

249 Mit Stoffscheren soll man kein Papier schneiden

250 Teflon als Produkt der Weltraumfahrt

252 Zerkratztes Teflon erzeugt Krebs

253 Geschirr nicht abtropfen lassen!

255 Die Sommerzeit spart Energie

256 Grillen mit Alufolie: Glatte Seite nach oben!

259 Die Spieldauer der CD kommt von Beethovens Neunter

260 Der Föhn in der Badewanne

263 Stecker raus bei Gewitter

264 Die ewige Glühbirne gibt es schon

267 Man soll bei Abwesenheit die Wohnung «durchheizen»

268 Ein Kernkraftwerk nur fürs Stand-by

269 «Verbrauchte» Luft enthält weniger Sauerstoff

270 Man muss den Backofen vorheizen

271 Unterschwellige Werbung funktioniert

274 Werbung ist lauter als das Programm

275 Die GEZ fährt mit Radarwagen durch die Stadt

278 Klebriger Läusekot auf dem Auto

280 Brennende Autos explodieren

281 Motor aus an jeder Ampel

283 Zucker im Tank zerstört den Motor

284 Der Tacho zeigt immer zehn Prozent zu viel an

Aus Wissenschaft und Technik

287 Der Badewannenstrudel auf der Südhalbkugel

289 Tödliche Münze vom Empire State Building

292 Tödliche Schüsse beim Freudenfest

294 Schneller von Ost nach West wegen der Erdrotation

295 Flugzeuge lassen routinemäßig Kerosin ab

296 Der Bremsweg des Tankers

297 Der 13. ist besonders oft ein Freitag

299 Der Blitz geht von unten nach oben

302 Astronauten platzen im Vakuum

304 Der teure Space-Pen der Nasa

305 Die Energiebilanz der Solarzelle

306 Der Wind trägt Geräusche weiter

308 Man kann auch ausgeschaltete Handys abhören

310 Blitzlicht im Museum schadet den Gemälden

313 Register

Vorwort

«Herr Drösser, tun Sie was – der Armin will gerade vor laufender Kamera erzählen, dass sich der Wasserstrudel auf der Südhalbkugel andersherum dreht!» Am Telefon war eine aufgeregte Mitarbeiterin der *Sendung mit der Maus*, sie rief direkt vom Drehort an. «Der Armin» ist Armin Maiwald, der schon mehrere Generationen von Kindern mit seiner Wissens-Schau begeistert hat (sein Kollege, der Christoph, stellte mir die Frage nach den Sonnenblumen, siehe Seite 30). Im Fall des Badewannenstrudels zeigte Armin sich beratungsresistent: Er habe eine Weile in Australien gelebt, erzählte die Kollegin, und sei felsenfest davon überzeugt, dass aufgrund des Coriolis-Effekts dort das Wasser andersherum ablaufe als bei uns.

Der Coriolis-Effekt war Thema der ersten «Stimmt's?»-Folge, die am 20. Juni 1997 in der *Zeit* erschien (siehe Seite 287). Den Effekt gibt es, aber um sich in der Badewanne bemerkbar zu machen, müsste er 10 000-mal so groß sein. Den Armin konnte ich nicht wirklich überzeugen, daraufhin schlug ich vor, die Kinder zu Hause die Sache testen zu lassen. Man muss ja gar nicht in den Süden fahren: Wenn die deutschen Strudel sich mit großer Mehrheit in einer Richtung drehen würden, wäre das ja auch ein Beweis. Der WDR lehnte ab – die Auswertung einer solchen Massenstudie benötige zu viel Personal.

Als ich 1997 mit «Stimmt's?» begann, war nur eine zwölfteilige Zeitungsserie geplant. Aber dann brachen die Fragen über mich herein. Per Post und per E-Mail wollten die Leserinnen und Leser wissen, was an den Legenden dran ist, die sie manchmal seit ihrer Kindheit mit sich herumtragen. Und der Strom ist seitdem nicht abgerissen: Mich erreichen noch immer etwa 1000 Fragen pro Jahr, und auch wenn viele davon schon in einer der 500 Zeitungsfolgen, den fünf Büchern oder den 1500 Radiokolumnen bei Radio Eins behandelt wurden, gibt es doch stets welche, die ich nach völlig subjektiven Kriterien auf den Stapel der ungeklärten Legenden lege. Manche halten sich dort ziemlich lange: Auch nach zehn Jahren habe ich noch keine befriedigende Antwort auf die Frage, ob Hunde die Angst des Menschen riechen können.

«Stimmt's?» ist nicht unfehlbar, ich habe im Laufe der Jahre so manchen wissenschaftlichen Bock geschossen. So habe ich etwa bei der Frage, ob sich abgeschreckte Eier leichter pellen lassen (siehe Seite 104), dem Eiklar einen pH-Wert von 0,7 bis 0,9 bescheinigt – es bestünde dann aus konzentrierter Säure und würde die Kalkschale des Eis im Nu auflösen. Das Urteil «Stimmt» oder «Stimmt nicht» musste ich bisher nur einmal revidieren: Ursprünglich hatte ich gesagt, ein Mensch könne mit seiner Stimme kein Glas zum Zerspringen bringen. In einer amerikanischen Fernsehshow hat es dann tatsächlich ein stimmgewaltiger Rocksänger geschafft (siehe Seite 158).

Den «Massentest» mit dem Wasserstrudel haben wir übrigens doch noch gemacht, im Februar 2007 bei Radio Eins. Das Ergebnis: 248 Strudel drehten sich im Uhrzeigersinn, 204 andersherum. Also keine richtig deutliche Mehrheit für eine der beiden Richtungen. Ich bleibe bei meiner Antwort: «Stimmt nicht!»

Hamburg, im Juli 2008
Christoph Drösser

Aus dem Tier- und Pflanzenreich

Stiere «sehen rot»

Stimmt nicht. Es ist vollkommen irrelevant, welche Farbe das Tuch hat, das der Torero vor der Nase eines Bullen schwenkt. Auch ist die Behauptung falsch, dass Rinder eher auf Menschen losgehen, die einen roten Pullover tragen. Der Grund: Wie die meisten Säugetiere haben auch Rindviecher praktisch keine Farbwahrnehmung, sie sehen sozusagen «schwarzweiß». Die rote Farbe der Tücher beim Stierkampf ist einzig und allein für die Zuschauer da.

«Das Farbsehen haben innerhalb der Säuger erst die Primaten erlernt», erläutert Professor Clas Naumann vom Museum Alexander Koenig in Bonn. «Deshalb benutzen sie auch sehr auffällige Farbsignale in der innerartlichen Kommunikation, einschließlich Lippenstift und Nagellack.»

Rot suggeriert dem Menschen Blut, und das erhöht den Nervenkitzel beim Stierkampf. Für den Bullen wäre auch ein blaues Tuch ein «rotes Tuch», wenn der Matador nur wild genug damit herumfuchteln würde.

Wie findet man heraus, ob Tiere Farben sehen können oder nicht? Fragen kann man sie ja nicht (beziehungsweise, wie Leser Martin Niehues anmerkt: Man kann sie zwar fragen, «nur bei der Antwort wird es schwieriger»). Einen Anhaltspunkt liefert die Anatomie: Die menschliche Netzhaut verfügt über drei Sorten von Farbrezeptoren – für Rot, Grün und Blau –, an die die drei Farbsignale, die ein moderner Fernseher ausstrahlt, perfekt angepasst sind. Die meisten anderen Säugetiere haben viel weniger von diesen «Zäpfchen» genannten Rezeptoren und folglich große Schwierigkeiten, Farben zu unterscheiden. Cecil Adams berichtet in seinem Buch «More of the Straight Dope», dass es Forschern gelungen ist, Ratten auf Farbsignale zu konditionieren – allerdings waren die Nager ziemlich begriffsstutzig und brauchten zwischen 1350 und 1750 Versuche, bis sie den Trick erlernt hatten.

Bevor wir Menschen nun allzu überheblich gegenüber unseren Säugetierkollegen werden, sei noch erwähnt, dass andere Tierarten über ein erheblich besseres Sehvermögen verfügen als wir. In unserer optischen Ausstattung sind wir bei weitem nicht die Krone der Schöpfung. Bestimmte Krabbenarten haben sechs Sorten von Farbrezeptoren – sie fänden unser Farbfernsehen wahrscheinlich eher eintönig. Die visuellen Champions in der Natur sind die Vögel. Sie haben nicht nur Rezeptoren für bis zu sieben verschiedene Grundfarben, sondern können auch mit einer bis zu achtmal feineren Auflösung sehen als wir – das ist der Grund, warum ein Raubvogel auch aus großer Höhe ein Mäuschen am Erdboden erspähen kann.

Lemminge begehen kollektiven Selbstmord, indem sie sich ins Meer stürzen

Stimmt nicht. Der Mythos ist alt und stammt vermutlich aus Skandinavien. Richtig ist, dass die Populationen der possierlichen Nager aus der Familie der Wühlmäuse großen Schwankungen unterliegen (was seit Entdeckung der Chaostheorie niemanden mehr zu verwundern braucht). Ist die Überbevölkerung besonders groß, kommt es zu Wühlmausvölkerwanderungen. Bei diesen Massenmigrationen finden viele Tiere den Tod, doch kann keine Rede davon sein, dass die Lemminge dabei freiwillig oder instinktiv aus dem Leben scheiden.

«Aber da war doch dieser Film ...», wird mancher einwenden. In dem Disney-Film «White Wilderness» («Abenteuer in der weißen Wildnis») wird tatsächlich der angebliche Massensuizid der Lemminge dargestellt. Allerdings haben die Tierfilmer nachgeholfen, um die Legende publikumswirksam ins Bild setzen zu können.

Das behauptet jedenfalls der Journalist Brian Vallee, der 1983 für das kanadische Fernsehen dem «Making of» des Films auf den Grund ging. Nach Vallees Darstellung wurden die Szenen im kanadischen Bundesstaat Alberta gedreht, wo es gar keine Lemminge gibt. Die Filmemacher hatten die Tiere von Eskimokindern in Manitoba gekauft und dann zum Drehort geschafft. Um den Eindruck einer Massenwanderung zu erzeugen, wurden die Lemminge auf eine große, schneebedeckte Drehscheibe platziert, die dann in Rotation versetzt und aus allen möglichen Kamerawinkeln gefilmt wurde. Der Strom der Lemminge – nichts als eine «Schleife», bei der immer wieder dieselben Tiere zu sehen sind.

Und dann kommt der böse Teil der Geschichte. «Die Lemminge erreichen den tödlichen Abgrund», raunt der Filmsprecher, «dies ist ihre letzte Chance zur Umkehr. Aber sie laufen weiter, stürzen sich in die Tiefe.» Aus einer dank perfekter Tiefenschärfe phantastisch anmutenden Kameraperspektive sieht der Zuschauer die Nager in die gähnende Schlucht eines Flusstales fallen, angeblich getrieben vom Todesinstinkt. Die Wirklichkeit war nach Vallees Recherchen erheblich profaner: Die Disney-Leute halfen nach, schubsten und warfen die wenig lebensmüden Lemminge in den Abgrund.

In der Schlusseinstellung sieht man die sterbenden Tiere im Wasser treiben. «Langsam schwinden die Kräfte, die Willenskraft läßt nach, und der Arktische Ozean ist übersät mit den kleinen toten Leibern.» Von wegen Arktischer Ozean, von wegen nachlassende Willenskraft: ein Massenmord an Tieren im Dienste der Illusionsfabrik Hollywood.

Wenn man einen Regenwurm halbiert, dann leben beide Teile weiter

Stimmt nicht. Aus einem Regenwurm werden durch Zerteilung niemals zwei. Das Hauptproblem ist dabei der Kopf: Ein Wurm besteht aus bis zu 180 ringförmigen Segmenten. Wenn man davon am Kopfende bis zu vier dieser Ringe abtrennt, so regeneriert sich der Wurm vollständig. Schneidet man mehr weg, wächst der Kopf zumindest teilweise nach. Fallen dem Messer jedoch mehr als fünfzehn zum Opfer, so wächst dem verbliebenen Schwanz kein neuer Kopf – das Tier muss also verenden. Ein Wurm ohne Schwanz kann dagegen überleben, denn «das Hinterende ist in besonderem Maße zur Regeneration fähig», wie es in dem Standardwerk «Der Regenwurm *(lumbricus terrestris)*» von Peters und Waldorf heißt. Aber auch diese Fähigkeit nimmt zur Körpermitte hin ab. Ein kurzes Kopfstückchen kann daher keinen neuen Schwanz erzeugen. Was aber immerhin möglich ist: Man kann von beiden Enden ein Stück abschneiden, und die verbleibende Wurmmitte lässt beide Enden nachwachsen.

Bei niederen Würmern, etwa den Strudelwürmern, liegen die Verhältnisse anders – für sie ist die Teilung oft sogar eine Methode der Fortpflanzung. «So einen Wurm können Sie im Extremfall durch ein Sieb passieren und erhalten Hunderte neuer Würmer», erläutert Bernhard Ruthensteiner von der Zoologischen Staatssammlung in München.

Nach den Gesetzen der Aerodynamik können Hummeln nicht fliegen, doch weil sie die Gesetze nicht kennen, fliegen sie trotzdem

Stimmt nicht. Was Hummeln von den Naturgesetzen verstehen, kann ich nicht beurteilen. Der Mensch tappte jedenfalls bis vor kurzem bezüglich des Hummelflugs ziemlich im Dunkeln. «Noch vor fünf Jahren konnten Insekten nicht fliegen – gemäß den konventionellen Gesetzen der Aerodynamik», erzählt Charles Ellington von der englischen Cambridge University. Zusammen mit einigen Kollegen hat er das Phänomen untersucht und im Dezember 1996 einen bahnbrechenden Artikel in der Zeitschrift *Nature* veröffentlicht.

Die herkömmliche Aerodynamik beschäftigt sich vor allem mit Fluggeräten, wie sie der Mensch baut: mit starren oder gleichmäßig rotierenden Tragflächen. Würde eine Hummel ständig die Flügel von sich strecken, so fiele sie tatsächlich zu Boden wie ein nasser Sack.

Insekten bewegen aber ihre Flügel. Und zwar nicht einfach auf und ab, sondern in einem komplizierten, dreidimensionalen Muster, in dessen Wirkungsweise Ellingtons Team erstmals Licht gebracht hat.

Ein Flügel erzeugt den zum Fliegen nötigen Auftrieb, wenn an seiner Oberseite ein geringerer Luftdruck herrscht als an der Unterseite. Bei einer Tragfläche etwa dadurch, dass aufgrund der Form die Luft oben schneller vorbeiströmt als unten. Es gibt aber auch kompliziertere Mechanismen: etwa bei einem Papierflugzeug, das in schaukelnden Bewegungen zu Boden gleitet. Jedes Mal, wenn die Neigung der Nase einen bestimmten Winkel überschreitet, entsteht an der Kante der Papierflügel ein kleiner Luftwirbel, der den Flügel nach oben zieht. Nach kurzer Zeit reißt dieser Wirbel ab, und der Flieger sinkt wieder.

Die Forscher untersuchten das Flugverhalten von Insekten im Windkanal (wegen der größeren und langsamer schlagenden Flügel wählten sie Motten). Die anströmende Luft wurde mit Rauch versetzt, sodass mit einer Hochgeschwindigkeitskamera Fotos der Strömung gemacht werden konnten. Dasselbe untersuchten sie dann noch einmal an einem großen, selbstgebauten Modell.

Ergebnis: Insekten erzeugen offenbar ähnliche Wirbel wie Papierflugzeuge. Durch geschicktes Flügelschlagen schaffen sie es aber, diese Wirbel nicht abreißen, sondern entlang des Flügels nach außen wandern zu lassen. Beim nächsten Flügelschlag entsteht dann der nächste Wirbel. Und beim Nachrechnen kam tatsächlich heraus: Auch in der Theorie erzeugt der entdeckte Wirbel etwa anderthalbmal soviel Auftrieb, wie nötig ist, um das Insekt in der Luft zu halten. Seitdem stimmt also die Physik mit der Erfahrung überein.

Drei Hornissenstiche töten einen Menschen, sieben Stiche töten ein Pferd

Stimmt nicht. Hornissen werden zu Unrecht als Horrorwesen dargestellt. Die Naturschutzverbände versuchen seit Jahren, den Ruf des größten staatenbildenden Insekts unserer Breiten zu verbessern – und da wollen wir uns gern anschließen: Hornissen, die zur Familie der Wespen gehören, sind sehr friedliebende, scheue Tiere. Ein Hornissenvolk vertilgt am Tag bis zu einem halben Kilo anderer Insekten, die wir Menschen als lästig und schädlich empfinden. Diese eiweißreiche Nahrung brauchen sie zur Aufzucht ihrer Larven und zur Fütterung ihrer Königin. Die ausgewachsenen Hornissen begnügen sich dann mit Kohlenhydraten aus Pflanzensäften und Fallobst. Hornissen sind weniger angriffslustig als etwa Honigbienen und ziehen die Flucht vor, wenn es brenzlig wird. Sollten sie doch einmal zustechen (etwa weil sie glauben, dass man sich an ihr Nest heranmachen will), dann ist die Wirkung nicht schlimmer als bei einer Biene oder Wespe. Saugt man die Wunde aus, so lässt der Schmerz bald nach. Allenfalls bei allergischen Reaktionen ist Vorsicht geboten.

Wahrscheinlich haben die wenigsten Menschen je eine Hornisse zu sehen bekommen, denn sie sind fast ausgestorben und stehen seit 1987 auf der roten Liste der geschützten Tierarten. Man darf sie also nicht töten und ohne Erlaubnis der Naturschutzbehörde auch keine Nester entfernen – das kann zu einem Bußgeld von bis zu 100 000 Mark führen.

Fazit (um es mit den Worten des Naturschutzbundes auszudrücken): «Ein Zusammenleben von Mensch und Hornisse ist möglich.» Richtig bleibt allerdings, was Robert Gernhardt einmal festgestellt hat: Ein einziger Pferdebiss reicht aus, um eine Hornisse zu töten.

An der Anzahl der Punkte auf dem Rücken der Marienkäfer kann man deren Alter ablesen

Stimmt nicht. Weder das Alter in Tagen noch in Monaten oder Jahren. Ein und derselbe Marienkäfer hat nach dem Schlüpfen aus der Puppe lebenslänglich dieselbe Anzahl von Punkten. Ja sogar innerhalb jeder Marienkäferart (von denen es weltweit etwa 4500 gibt, 80 davon in Deutschland) ist die Punktzahl konstant. So konstant, dass viele sie im Namen tragen: *Hippodamia tredecimpunctata* (13 Punkte), *Propylaea quatuordecimpunctata* (14 Punkte), *Anatis quindecimpunctata* (15 Punkte), *Thea vigintiduopunctata* (22 Punkte), *Adalia bipunctata* (nur 2 Punkte) und natürlich *Coccinella septempunctata*, der beliebte siebenpunktige Glückskäfer.

Das auffällige Punktmuster der Marienkäfer ist von der Natur wohl nur zur Abschreckung von Feinden gedacht. Eine ähnlich wirkungslose Waffe wie das harmlose gelbliche Sekret, das die Käfer absondern können. So bleibt ihnen bei Gefahr nichts anderes übrig, als sich tot zu stellen.

Ein Pferd hat nur 1 PS

Stimmt. Jedenfalls wenn man die Dauerleistung betrachtet. Die Definition der Pferdestärke stammt von James Watt. Dessen Dampfmaschinen begannen um 1780, die Pferde zu ersetzen, etwa in Mühlen, und so war es ein gutes Verkaufsargument, ihre Leistung in Relation zur Pferdekraft zu setzen. Seit damals ist 1 PS gleich 746 Watt. Aber hat Watt die Pferdestärke richtig berechnet?

Die Biologen R. D. Stevenson und Richard Wassersug machten 1993 in der Zeitschrift *Nature* die folgende Rechnung auf: Die maximale Leistung pro Kilogramm Muskelmasse liegt bei etwa 100 Watt. Ein 600-Kilo-Pferd hat etwa 270 Kilogramm Muskelmasse, von denen es 180 Kilo auf einmal zur Arbeit einsetzen kann. Macht 18 000 Watt oder etwa 24 PS!

Auch wenn das nur eine Überschlagsrechnung war – wieso ist Watts Wert so viel kleiner? Wenn man ein Pferd durch eine Dampfmaschine ersetzen will, darf man nicht seine Höchstleistung bei maximaler Anstrengung berechnen. Es geht vielmehr darum, wie viel man einem Pferd über einen ganzen Arbeitstag hinweg zumuten kann, ohne dass es zusammenbricht.

Deshalb rechnete James Watt folgendermaßen: Erfahrungsgemäß kann ein Pferd den ganzen Tag lang ein Mühlrad mit 24 Fuß Durchmesser etwa zweieinhalbmal pro Minute drehen. Die Zugkraft setzte der Erfinder mit 180 Pfund an, sodass sich eine Leistung von 33 929 Fuß mal Pfund pro Minute ergab. Den Wert rundete er ab auf 33 000 – und die Umrechnung der krummen englischen Einheiten in Watt überlasse ich dem Leser zur Übung.

Von anderen Pferdekennern wurde 1926 eine alternative Rechnung aufgemacht: Ein Arbeitspferd sollte über 10 Stunden in der Lage sein, 10 Prozent seines Körpergewichts mit einer Geschwindigkeit von etwa 4 km/h zu ziehen. Wenn man das ausrechnet, kommt ziemlich genau 1 PS heraus.

Fazit von Stevenson und Wassersug: «Es scheint, dass die Müller um 1780 wussten, wie sie ihre Pferde in guter Form hielten, dass Watt seine Berechnungen sorgfältig angestellt hat – und dass ein Pferd erheblich mehr als eine Pferdestärke leisten kann.»

Durch das Einschlagen eines Kupfernagels kann man einen Baum töten

Stimmt nicht. Wenn der Baum des Nachbarn einem die Aussicht versperrt oder wenn man einen geschützten Baum auf dem eigenen Grundstück loswerden will – die Kupfernagelmethode gehört ins Reich der Fabel. Zwar ist Kupfer in hohen Konzentrationen giftig für Pflanze, Mensch und Tier. So kann man etwa Bakterien im Blumenwasser damit bekämpfen, dass man einen Kupferpfennig in die Vase gibt. Manche schützen auch ihre Tomatenpflanzen vor Schädlingsbefall, indem sie einen Kupferdraht durch den Stängel ziehen. Das deutet schon darauf hin, dass Pflanzen die Kupferattacke besser verkraften als Tiere, Menschen und Mikroben. Bäumen kommt zugute, dass sie die Fähigkeit besitzen, lokale Verletzungen regelrecht abzukapseln.

Aber es geht doch nichts über einen praktischen Versuch. In der Staatsschule für Gartenbau an der Universität Stuttgart-Hohenheim hat man sich im Mai 1976 darangemacht, die Legende zu überprüfen. Die Stämme von Fichten, Birken, Ulmen, Zierkirschen und Eschen wurden mit jeweils fünf bis acht dicken Kupfernägeln beschlagen. Zur Kontrolle machte man auch noch Versuche mit Nägeln aus Messing, Blei und Eisen. Das ist jetzt über 20 Jahre her – und alle so malträtierten Bäume haben die Tortur überlebt, die meisten erfreuen sich heute noch blühender Gesundheit. Einige wurden gefällt, zur Kontrolle oder weil sie einfach Platz machen mussten. Der Kupfernagel hatte sich nicht etwa aufgelöst, sondern war fast unverändert erhalten geblieben. Allenfalls hatte sich um den Nagel herum das Holz ein wenig braun gefärbt. Das war's dann aber schon. Wen der Baum in Nachbars Garten stört, der sollte andere Methoden ausprobieren. Vielleicht könnte man es mal mit Reden versuchen? Mit dem Nachbarn natürlich, nicht mit dem Baum.

Flamingos sind rosa, weil sie sich von Krabben ernähren

Stimmt. Die rosa Farbe des Flamingos kommt vom Farbstoff Canthaxanthin, einer Substanz aus der Gruppe der Karotinoide. Und um diese Farbe zu bilden, braucht der Vogel karotinhaltige Nahrung. Sonst ist bei der nächsten Mauser die Pracht dahin. Das ist nicht nur schlecht für die Optik. Offenbar sind weiße Flamingomänner für Weibchen nicht sonderlich attraktiv, deshalb hat es in Zoos schon des Öfteren nicht mit der Fortpflanzung geklappt.

In der freien Natur decken die Flamingos ihren Karotinbedarf mit Krebsen und Algen. In den Zoos müssen die Karotinoide der Nahrung zugesetzt werden. Früher gab man den Vögeln Karotten und Rote Bete, heute wird dem Flamingofutter das Canthaxanthin einfach zugesetzt.

Die Karotinoide entfalten ihre färbende Wirkung nicht nur beim Flamingo. Auch die «Bräunungspillen», die für diesen grässlichen orangefarbenen Hautton sorgen, enthalten den Farbstoff. Ein goldorangefarbener Eidotter lässt auf karotinhaltiges Hühnerfutter schließen. Und dass der Lachs im Supermarkt so eine appetitliche Farbe hat, liegt auch nur am Futter in den Zuchtfarmen – sonst wäre er nämlich gräulich weiß.

Sonnenblumen drehen sich zur Sonne hin

Stimmt. Die Frage wurde mir zuerst von Christoph Biemann gestellt, dem Christoph aus der *Sendung mit der Maus*. Auch nach meiner Antwort ließ ihn die Sache nicht ruhig, und er produzierte mit einer Zeitraffer-Kamera einen wunderschönen Film für die Kindersendung, in dem man deutlich sieht, wie die Blumen ihre Köpfe nach der Sonne ausrichten, ihr im Verlauf des Tages folgen und sich sogar nachts von Westen nach Osten zurückdrehen, um die Sonne am nächsten Morgen wieder an der richtigen Stelle begrüßen zu können.

Fragen wir zunächst einmal: Wie kann eine Sonnenblume überhaupt den Kopf drehen? Schließlich haben Pflanzen keine Muskeln. Der Blütenkorb kann seine Orientierung nur verändern, indem der Stängel, der ihn hält, auf der sonnenabgewandten Seite stärker wächst. Daraus folgt sogleich, dass das Ganze nur funktioniert, wenn die Pflanze wächst. Dann verfolgen die geschlossenen Blütenkörbe tatsächlich tagsüber den Lauf der Sonne und machen ihrem französischen Namen *tournesol* (italienisch: *girasole*) alle Ehre. Eine beeindruckende Fähigkeit der «dummen» Pflanzen, die da durch die Evolution entstanden ist.

Durch die kuriose Drehung gelingt es den Pflanzen, in der Wachstumsphase 10 bis 15 Prozent mehr Sonnenenergie zu erhaschen, erzählt Volker Hahn, Sonnenblumenzüchter an der Universität Hohenheim. Ist die Pflanze ausgewachsen und die Blüte geöffnet, schauen die Sonnenblumen übrigens stur nach Osten.

Wenn man einen Frosch in kochendes Wasser wirft, dann versucht er zu entkommen. Setzt man ihn in lauwarmes Wasser und erhöht langsam die Temperatur, dann lässt er sich bei lebendigem Leibe kochen, ohne zu fliehen

Stimmt nicht. Die Geschichte ist eine der beliebten «Weisheiten», die auf Managementseminaren verbreitet werden. Der Tenor: Wir nehmen langsame Veränderungen zum Schlechteren nicht wahr. Auch Greenpeace hat mit dem gekochten Frosch bereits geworben. Vielleicht hätten die Naturschützer sich besser erst einmal bei einem Biologen kundig gemacht.

Ich habe nach längerem Suchen tatsächlich einen Zoologen gefunden, der schon einmal im Dienst der Wissenschaft Frösche erhitzt hat: Victor Hutchinson von der amerikanischen University of Oklahoma. Die Amphibien wurden in einen Topf mit Wasser gesetzt, dessen Temperatur pro Minute um ein Grad erhöht wurde. «Wenn die Temperatur steigt, wird der Frosch immer aktiver bei dem Versuch, dem erhitzten Wasser zu entkommen», schreibt Hutchinson. Irgendwann zeigt das Tier dann Zeichen von Hitzestress, und es kommt zu muskulären Spasmen. Diesen Punkt, der schon bei einer Temperatur von unter 40 Grad erreicht werden kann, nennt man auch das «kritische thermale Maximum» – wird das Wasser noch wärmer, dann kommt es zur Hitzestarre und zum Tod.

Für Organisationen und Völker mag also gelten, dass sie eine kontinuierliche Verschlechterung ihrer Situation hinnehmen, ohne mit der Wimper zu zucken – bei Tieren lassen sich die Sensoren nicht so leicht täuschen.

Auch Fische müssen trinken

Teils, teils. Es kommt nämlich drauf an, wo der Fisch lebt. Dahinter steckt wieder einmal die Osmose.

Wenn wässrige Lösungen mit unterschiedlicher Salzkonzentration durch eine Membran getrennt sind, die durchlässig ist für Wassermoleküle, aber nicht für die Salzionen, dann versucht die Natur, die Konzentration auszugleichen. Es entsteht ein «osmotischer Druck». Die Folge: Wasser dringt von der «süßen» zur «salzigen» Seite. Bei Süßwasserfischen ist die Salzkonzentration im Körperinneren größer als in der Umgebung, und es dringt Wasser in den Körper. Trinken muss der Fisch nicht, im Gegenteil: Er muss ständig über seine Nieren Flüssigkeit ausscheiden, sonst würde er platzen.

Bei Meeresfischen ist es genau umgekehrt: Deren Körperflüssigkeit ist «süßer» als das Meer, und sie würden regelrecht vertrocknen, wenn sie nicht ständig über Mund und Kiemen Wasser aufnehmen, also trinken würden. Die Kiemen wirken dabei als Meerwasserentsalzungsanlage.

Man kann es also kurz zusammenfassen: Salzwasserfische trinken, Süßwasserfische pinkeln.

Und wie ist es mit Fischen, die mal im Salzwasser und mal im Süßwasser leben, also etwa Lachse oder Aale? Die können tatsächlich beides. Im Salzwasser trinken sie, im Süßwasser scheiden sie Wasser aus. Außerdem können sie über ihren Harnstoffspiegel den osmotischen Druck an die Umweltverhältnisse anpassen – im Meer erhöhen sie den Harnstoffgehalt im Körper, sodass die Salzkonzentration steigt.

Hunden darf man keine Hühnerknochen zu fressen geben

Stimmt nicht. Geflügelknochen seien zu spitz und könnten splittern, heißt es oft, und viele Hundehalter verzweifeln fast vor dem flehenden Blick ihres Hundes, dem sie die Knochen angeblich nicht geben dürfen. Aber schon die Überlegung, dass in der freien Natur Wölfe Schneehühner reißen, zeigt, dass das nicht so ganz stimmen kann. Und der Fuchs, der die Gans gestohlen hat, muss einzig das Schießgewehr des Jägers fürchten, nicht aber den Tod durch Gänseknochen.

Trotzdem – wenn man ein im Ganzen gegrilltes Hühnchen verspeist, sollte man dem Hund die Hühnerknochen nicht zu fressen geben. Der Unterschied: Das Hühnchen wurde gegart, Wolf und Fuchs bevorzugen Rohkost.

Die Hühner, die wir essen, sind ein paar Wochen alt und haben weiche, elastische Knochen. Darauf kann ein Hund gefahrlos herumkauen, sie auch zerkleinern. Durchs Kochen oder Braten werden die Knochen allerdings hart und spröde und können tatsächlich splittern. Auch wenn Tierärzte kaum von durch Hühnerknochen punktierten Hundemägen oder -speiseröhren berichten – man sollte lieber vorsichtig sein.

Dr. Stimmt's

Ärzte müssen heute noch den hippokratischen Eid schwören

Stimmt nicht. Zum Glück nicht. Denn dann müssten sie ihren Professor wie einen Vater behandeln, ihn im Alter versorgen und die Medizinerkunst kostenlos an dessen männliche Nachkommen weitergeben. Und auf keinen Fall dürfte der Arzt Patienten operieren, die unter Blasensteinen leiden – das müsste er nämlich den «Handwerkschirurgen» überlassen.

Der hippokratische Eid ist ein über 2000 Jahre alter historischer Text (nicht einmal die Autorenschaft des Hippokrates ist belegt). Damals stellte er nicht nur einen ethischen Code dar, sondern auch eine Standesordnung. Sich heute darauf zu berufen wäre purer Anachronismus. «Das suggeriert eine Einheitlichkeit des medizinischen Ethos, die nicht gegeben ist», sagt der Heidelberger Medizinhistoriker Axel Bauer. Mit dem Fortschritt der Medizin haben sich auch die ethischen Probleme verändert – man denke an Abtreibung oder Sterbehilfe –, und da kann Hippokrates wenig helfen.

Jeder Arzt, der in Deutschland approbiert wird, ist aber durch seine Zwangsmitgliedschaft in der Ärztekammer auf die Berufsordnung verpflichtet, in die unter anderem das Genfer Gelöbnis Eingang gefunden hat. Es ist eine modernisierte Fassung des alten Schwures, das «in seiner vieldeutigen Beliebigkeit ein würdiger Nachfolger des hippokratischen Eides» ist, wie der Freiburger Medizinhistoriker Karl-Heinz Leven urteilt. Die Unzulänglichkeiten ihrer Ordnungsschrift korrigieren die Ärztekammern mit Ergänzungen zu aktuellen ethischen Streitfragen, etwa mit Empfehlungen zur Sterbebegleitung.

Cola und Salzstangen helfen gegen Magenverstimmung

Stimmt. Es geht aber auch mit anderen Mitteln, die Hauptsache ist, dass dem Körper Flüssigkeit, Salz und Glukose (Zucker) zugeführt wird. Die Cola-Salzstangen-Therapie wird vor allem von Eltern angewandt, die ihre unter Durchfall und Übelkeit leidenden Kinder dazu bringen wollen, überhaupt etwas zu sich zu nehmen.

Wasser braucht der diarrhögeplagte Körper, weil er viel Flüssigkeit verliert. Ebenso das Salz, weil dabei auch viele Elektrolyte ausgeschieden werden. Der Zucker enthält viele leicht verdauliche Kalorien, also Energie für den entkräfteten Körper. Es kommt aber noch ein Wirkmechanismus dazu: Die gleichzeitige Anwesenheit von Zucker und Salz erhöht die Fähigkeit des Darms, das zugeführte Wasser überhaupt aufzunehmen. Eine einfache Lösung aus acht Teelöffeln Zucker und einem halben Teelöffel Salz auf einen Liter Wasser hat sich auch in Entwicklungsländern bewährt, in denen die Menschen oft von Durchfallepidemien geplagt werden.

Gibt es in der Cola noch weitere geheimnisvolle Heilsubstanzen? Professor Eberhard Windler von der Hamburger Universitätsklinik hat das schon öfter von Patienten gehört und ist der Überzeugung, dass «Cola gewiss pharmakologisch wirksame Stoffe enthält». So lange die Wissenschaft darüber nicht mehr weiß, hält er sich an den Grundsatz: Gut ist, was gesund macht.

Sicher ist nur: Wenn man die Therapie mit Cola durchführt, dann nicht mit der «Light»-Variante – der fehlt die wichtige Glukose. Und wem sich beim Gedanken an Cola und Salzstangen der Magen noch mehr umdreht, der kann auch Zwieback und gesüßten Tee nehmen.

Bei Vollmond werden mehr Kinder geboren als sonst

Stimmt nicht. In Mondfragen verstehen viele Gläubige keinen Spaß. Der Erdtrabant soll großen Einfluss auf viele Bereiche des menschlichen Lebens haben – vom Wachstum des Getreides und der Menstruation der Frau bis zu Ereignissen wie Geburten, Unfällen und Verbrechen. Aber fast immer, wenn jemand dem mit den Methoden der Statistik auf den Grund zu gehen versucht, kommt keine besondere Korrelation zum Vorschein.

Bei den Geburten wurde die Frage unter anderem 1994 anhand von 7842 florentinischen Babys untersucht, aber auch 5226 Geburten in Maputo (Mosambik) wurden ausgewertet. Ergebnis: Kein Zusammenhang zwischen Mondphase und Geburtenzahl.

Nehmen sich denn wenigstens Selbstmörder bevorzugt bei Vollmond das Leben? Eine Metastudie (also eine Studie, die andere Studien zusammenfasst) hat 20 Untersuchungen ausgewertet – fast alle ohne Befund, so etwa eine Arbeit, die 4190 Selbsttötungen zur Grundlage hatte. Die wenigen Studien, die einen Zusammenhang mit der Mondphase herzustellen behaupteten, widersprachen einander auch noch.

Auch der Glaube an die Kraft des Vollmondes ist wissenschaftlich untersucht worden. 1995 berichtete ein Artikel in der Zeitschrift *Psychological Reports* von einer Studie an 325 Menschen. 140 von ihnen glaubten, dass die Mondphasen etwas mit dem Verhalten der Menschen zu tun haben. Bei Psychologen und Sozialarbeitern war der Glaube überdurchschnittlich verbreitet. Und fast jeder kennt die Ärzte, Krankenschwestern und Hebammen, die fest daran glauben, dass sie bei Vollmond mehr zu tun haben. Woran liegt's? Einzige Erklärung: selektive Wahrnehmung. Wer einmal von der Legende überzeugt ist, der registriert nur noch die bestätigenden Ereignisse und ignoriert die Gegenbeispiele.

Splitter können bis zum Herzen wandern und dort zum Tod führen

Stimmt. Aber Sie müssen keine Angst haben, dass ein kleiner Holzsplitter, den Sie sich in den Finger ziehen, in ein paar Jahren in Ihrem Herzen landet und Sie dann tot umfallen.

Fremde Partikel, die in unseren Körper eindringen, werden im Allgemeinen eingekapselt. Es bildet sich also festes Gewebe um sie herum, diese Verhärtung bleibt dann meist an Ort und Stelle und kann dort Jahrzehnte verbringen.

Manchmal beginnt der Fremdkörper allerdings wirklich zu wandern. «Dabei geht es aber nicht um Meter, sondern allenfalls um Zentimeter», erläutert Professor Jakob-Robert Izbicki, Chirurg an der Hamburger Universitätsklinik. Oberflächliche Verletzungen wie Splitter pflegen auch eher nach außen zu wandern als nach innen. So kann es zum Beispiel passieren, dass Schrotkugeln nach längerer Zeit aus der Wunde herauseitern.

Gefährlich kann es dann werden, wenn ein Fremdkörper, etwa ein Granatsplitter, tief in den Körper eingedrungen ist. Der kann dann in der Körperhöhle umherwandern und tatsächlich irgendwann lebenswichtige Organe oder Blutgefäße bedrohen. Izbicki hat selbst einen Fall erlebt, in dem ein aus einer Kriegsverletzung stammender wandernder Granatsplitter das Herz eines Patienten verletzt hat – mit tödlichem Ausgang.

NEW YORK 4 cm

WANDERNDER SPLITTER

Der Marlboro-Mann starb an Lungenkrebs

Stimmt teilweise. Den «Marlboro-Mann» gibt es seit 1955 – der Tabakkonzern Philip Morris wollte mit der Kampagne gegen das «weibische» Image antreten, das die Filterzigaretten damals noch hatten. Erst seit den Sechzigern ist der kernige Mann ein Cowboy, und auch diese Figur wurde von sehr vielen Schauspielern dargestellt. Und von denen sind tatsächlich zwei an Lungenkrebs gestorben.

Der erste war der ehemalige Rodeoreiter Warren McLaren, der 1992 im Alter von 51 Jahren starb. McLaren war nur kurz in einer Marlboro-Kampagne im Jahr 1976 aufgetreten und setzte sich in den zwei Jahren, die er nach der Diagnose noch lebte, für Nichtraucherorganisationen ein.

Der bekanntere Fall ist aber der von David McLean, ein Marlboro-Mann aus den frühen sechziger Jahren. Er wurde 73 Jahre alt und starb 1995. Seine Witwe strengte einen Aufsehen erregenden Prozess gegen Philip Morris an, in dem sie unter anderem behauptete, McLean habe während einer Fotosession für die Anzeigenmotive bis zu fünf Packungen Zigaretten rauchen müssen. Der Rechtsstreit ist noch nicht entschieden.

Beide Darsteller waren übrigens seit ihrer Jugend starke Raucher – sie mussten nicht für die Aufnahmen zum Qualmen gezwungen werden.

Man kann sterben, wenn man eine Zigarette isst

Stimmt nicht. Jedenfalls nicht bei Erwachsenen. Einem 75-Kilo-Norm-Mann wird wahrscheinlich speiübel werden, aber er wird nicht sterben. Beim Nervengift Nikotin, erklärt Friedrich Wiebel vom Ärztlichen Arbeitskreis Rauchen und Gesundheit, gilt ein Milligramm pro Kilo Körpergewicht als tödliche Dosis.

Heißt das nun, dass der Mann bis zu 750 Super-Leicht-Zigaretten vertilgen kann, die laut Banderole jeweils 0,1 Milligramm Nikotin enthalten? Keineswegs. Denn die Werte, die auf der Packung stehen, werden mit speziellen Rauchautomaten ermittelt. Und auch der menschliche Raucher inhaliert ja nur einen Teil des Rauchs, von dem er das meiste wieder ausatmet. Beim Essen dagegen gelangt das in der Zigarette enthaltene Nikotin komplett in den Körper. Konkret sind das etwa 12 Milligramm pro Zigarette, wobei die Light-Zigaretten sogar manchmal noch mehr enthalten als die normalen. Und das bedeutet: Für Kleinkinder kann Zigarettenessen tatsächlich sehr gefährlich werden. Ein Kind, das eine ganze Zigarette verdrückt hat, sollte man auf dem schnellsten Weg ins Krankenhaus bringen.

Man darf Joghurtdeckel nicht ablecken, weil Aluminium die Alzheimer-Erkrankung fördert

Stimmt nicht.

Erstens: Der Zusammenhang zwischen Aluminium und Alzheimer ist alles andere als geklärt. 1965 kam erstmals der Verdacht auf, als man nachweisen konnte, dass sich die Hirne von Versuchstieren durch Aluminium schädigen ließen. Aber dies war keine Alzheimer-Erkrankung. Inzwischen gehen die meisten Forscher nicht mehr davon aus, dass es einen ursächlichen Zusammenhang gibt.

Zweitens: Der Körper scheidet 99 Prozent des Aluminiums, das er aus der Umwelt erhält, direkt wieder aus. Was absorbiert wird, verlässt den Organismus bald schon über die Nieren. Der Körper eines Erwachsenen enthält nur etwa 30 bis 50 Milligramm Aluminium.

Und drittens: Selbst wenn einiges dafür spricht, dass man nicht zu viel Aluminium schlucken sollte – die Hauptquelle für den Stoff ist sicherlich nicht der Joghurtdeckel. Der größte Teil des Leichtmetalls ist in den Nahrungsmitteln selbst enthalten, weitere Quellen sind Alutöpfe und -pfannen, in denen säurehaltige Lebensmittel zubereitet werden. Mit Abstand am meisten Aluminium nehmen Menschen zu sich, die säurehemmende Magenmedikamente schlucken. Und die bekommen, soweit man weiß, auch nicht öfter Alzheimer als andere.

Fazit: Gegen das Ablecken des Joghurtdeckels sprechen weiterhin allenfalls ästhetische Gründe.

Lippen-Fettstifte können süchtig machen

Stimmt nicht. Es herrschen bezüglich der Wirkung dieser Stifte seltsame Vorstellungen. Zum Beispiel hat die Austrocknung der Lippen mit schlecht funktionierenden Talgdrüsen nichts zu tun, denn über die verfügen die Lippen gar nicht. Es geht um Feuchtigkeitsverlust, der besonders bei trockenem oder windigem Wetter droht. Ständiges Befeuchten der Lippen mit der Zunge verstärkt die Austrocknung noch. Die Stifte sollen eine schützende Fettschicht bilden, sodass weniger Wasser verdunstet.

Es gibt tatsächlich eine Menge Menschen, die solche Stifte nicht nur in Ausnahmesituationen anwenden, sondern praktisch ständig. Ein Stift liegt griffbereit neben dem Bett, einer im Schreibtisch im Büro, einer in der Handtasche. Im Internet gibt es sogar eine Website Lip Balm Anonymous, analog zu den Anonymen Alkoholikern.

Aber es gibt weder Anzeichen dafür, dass in den Lippenstiften psychisch abhängig machende Substanzen sind, noch dafür, dass die Lippen mit Balsamschicht schneller austrocknen als ohne. Die «Sucht» ist eher eine Gewöhnung an das angenehme Gefühl eingeschmierter Lippen. Wenn man es nicht tut, fehlt einem etwas – genauso wie bei der Gewöhnung an Hautcremes. Nach ein paar Tagen «Entzug» verschwindet dieses Gefühl. Andererseits sind vom übermäßigen Cremen auch keine Schäden zu erwarten, solange man Stifte mit möglichst wenigen Zusätzen (UV-Filter, Menthol) verwendet.

Alkoholiker im Delirium sehen weiße Mäuse

Stimmt. Wer einmal einen Vollrausch hat, der sieht noch keine weißen Mäuse. Solche Halluzinationen gibt es erst im letzten Stadium des Alkoholismus, der chronischen Phase. Dann gehören die berühmten Nagetiere keineswegs ins Reich der Legenden. Warum weiße Mäuse und keine rosa Elefanten? «Weil rosa Elefanten in der Vorstellungswelt der meisten Menschen nicht vorkommen», sagt der Psychiater Werner Strik von der Universität Bern.

Die Fantasiebilder bestehen meist aus kleinen, alltäglichen Dingen, die der Delirierende sozusagen in sein reales Bild der Welt «einbaut»: neben den Mäusen auch Schlangen, Insekten, Haar- und Staubbüschel. Oft sind solche Halluzinationen verbunden mit einer haptischen Täuschung – also etwa der Vorstellung, dass Insekten über den Arm krabbeln.

Warum bei Alkoholikern vor allem diese optischen Halluzinationen auftreten und nicht etwa akustische Trugvorstellungen, wie sie Schizophrene haben, ist letztlich noch nicht geklärt. Strik vermutet, dass es sich beim Delir um eine allgemeine Übererregung des Kortex im Gehirn handelt, und darin nimmt die visuelle Abteilung den weitaus größten Raum ein. Bei halluzinierenden Schizophrenen wurde dagegen eine Fehlfunktion von Hirnregionen nachgewiesen, die nur für das Gehör zuständig sind.

Man kann die visuellen Trugbilder der Alkoholiker übrigens auch regelrecht provozieren: Hält man ihnen ein weißes Blatt Papier vor und bittet sie, es vorzulesen, so werden viele einen Text sehen und ihn zu rezitieren beginnen.

Man kann mit Sekundenkleber auch Wunden verschließen

Stimmt. Cyanacrylat, so der chemische Name des schnellen Klebers, stammt aus den Labors der amerikanischen Firma Kodak. Sein ursprünglicher Zweck war militärischer Natur, hatte aber nichts mit Wunden, ja noch nicht einmal etwas mit Kleben zu tun: Sein Entdecker Harry Coover war 1942 auf der Suche nach einem unzerbrechlichen, transparenten Kunststoff für die Zieloptik von Panzern. Das klebrige Zeug war jedoch für diese Zwecke nicht geeignet, und so blieb es jahrelang unbeachtet. Erst später kam man auf die Idee, die Substanz als Klebstoff einzusetzen – 1958 kam der erste Sekundenkleber unter dem Namen Eastman #910 auf den Markt.

Cyanacrylat lässt auch Finger beängstigend schnell und fest aneinander kleben, und so lag die Idee nicht fern, den Klebstoff für die Behandlung von Wunden einzusetzen. Eine feuchte Umgebung macht ihm nämlich nichts aus – im Gegenteil. Erst durch Wasser, das er normalerweise aus der Luftfeuchtigkeit bezieht, wird der Kleber richtig fest. Tatsächlich nutzte das US-Militär Cyanacrylat-Spray im Vietnamkrieg zur Behandlung großflächiger Wunden, deren Blutung man damit schnell zum Stillstand brachte.

Am besten geeignet ist der Superkleber allerdings zum Schließen von Schnittwunden. Denn dafür bringt er diverse Vorteile mit sich: Die Wunden lassen sich damit sehr exakt zusammenfügen, außerdem sind die Narben weniger hässlich als bei einer Naht, und das lästige Fädenziehen entfällt. Außerdem wissen es viele Unfallopfer, vor allem Kinder, zu schätzen, dass sie nach einer schmerzhaften Verletzung nicht auch noch die oft schmerzhaftere Prozedur des Nähens über sich ergehen lassen müssen.

Inzwischen produzieren schon mehrere Firmen Sekundenkleber ausschließlich für medizinische Zwecke. Man sollte zu diesen Spezialpräparaten greifen und nicht zum gewöhnlichen Bastelkleber.

Vitamin C wirkt gegen Erkältungen

Stimmt nicht. Die Auseinandersetzung um die vorbeugende und lindernde Wirkung von Vitamin C bei Erkältungskrankheiten ist Jahrzehnte alt, und immer noch streiten sich die Experten. Dabei ist nicht umstritten, dass eine ausreichende Versorgung mit dem Vitamin wichtig ist – es geht um die besondere Wirkung hoher Dosierungen. Die hatte etwa der Doppel-Nobelpreisträger Linus Pauling propagiert. Zunächst eine Dosis von einem Gramm pro Tag (der normale Bedarf liegt bei 100 Milligramm). Später vertrat Pauling sogar die These, eine Tagesdosis von 10 Gramm und mehr würde vor Krebs schützen. Pauling starb 1994 im Alter von 93 Jahren – die Vitamine haben ihn letztlich nicht vor dem tödlichen Prostatakrebs bewahrt.

Im Jahr 2005 haben der Australier Robert Douglas und der Finne Harri Hemilä noch einmal 23 Studien aus den vergangenen 65 Jahren ausgewertet, an denen insgesamt über 11 000 Testpersonen teilnahmen. Ihr Ergebnis, veröffentlicht in der Onlinezeitschrift *PLoS Med*, bestätigt frühere Befunde: Dass Vitamin C Erkältungen verhindert, konnte bei Normalbürgern, die sich vernünftig ernähren, nicht nachgewiesen werden. Nur bei Leistungssportlern war ein kleiner Effekt erkennbar.

Hilft Vitamin C wenigstens, wenn man schon erkältet ist? Da sind die Studien widersprüchlich. Bei einigen war eine leichte Linderung der Symptome oder eine geringfügige Verkürzung der Krankheitsdauer herausgekommen. Alles in allem aber ein minimaler Unterschied zu einem Placebopräparat. Fazit: Gegen die gewöhnliche Erkältung ist weiterhin kein Kraut gewachsen – und auch kein Vitamin.

Schlangenbisse soll man aussaugen

Stimmt nicht. Zugegeben, es sieht im Western immer sehr ritterlich aus, wenn der Helfer mit dem Messer die Wunde des Bissopfers aufschneidet und das Schlangengift heraussaugt. Ein probates Mittel gegen die Vergiftung ist das aber nicht. Im Gegenteil: Wer in der Wunde herumschneidet, sorgt für eine höhere Durchblutung des Gewebes und damit für eine schnellere Verteilung des Gifts im Blutkreislauf.

Was das Saugen angeht: Es werden sogar Pumpen verkauft, speziell für das Aussaugen von Wunden nach dem Schlangenbiss. Kann man so überhaupt das Gift aus dem Körper holen? 2004 wollten Ärzte von der University of California es wissen. Sie injizierten acht Freiwilligen eine Flüssigkeit, die in ihrer Konsistenz dem Gift einer Schlange entsprach, und versahen die Männer mit Wunden, die dem Biss einer Klapperschlange ähnelten. Nach drei Minuten saugten sie mit einer dieser Pumpen Blut aus der Wunde, eine Viertelstunde lang. Die Menge des Pseudogifts, die sie dabei zurückgewannen, war «insignifikant». Der Körper nimmt also offenbar solche Substanzen zu schnell auf, als dass man sie durch Saugen wieder herausbekäme. «Die Vermarktung dieser mechanischen Sauggeräte», sagte der Studienleiter, Michael Alberts, «ist wahrscheinlich nicht gerechtfertigt, weil sie in unserer Studie nicht funktioniert haben und die Sache möglicherweise noch schlimmer machen.» Weil man das Gift auf diese Weise nicht herausbekommt, erübrigt sich auch eine zweite Frage, die in dem Zusammenhang immer wieder gestellt wird: ob der Helfer sich vergiften kann, wenn er die Wunde aussaugt.

Die beste Erste Hilfe bei Schlangenbissen: Man sollte das Opfer ruhigstellen, insbesondere die betroffene Körperregion, und für einen möglichst schnellen Transport ins nächste Krankenhaus sorgen.

52

Kokosmilch ist ein Blutplasma-Ersatz

Stimmt. Einen Ersatz für das menschliche Blut gibt es bis jetzt nicht – deshalb ist die Medizin immer noch auf leibhaftige Blutspender angewiesen, um mit diesem ganz besonderen Saft in Notfällen Opfern zu helfen. Wenn Spenderblut knapp ist, etwa im Krieg, kommen die Menschen manchmal auf die seltsamsten Ideen. Zwar kann man die roten Blutkörperchen, die den Körper mit Sauerstoff versorgen, nicht so einfach ersetzen. Anders ist es beim Blutplasma – also der Flüssigkeit, in der die Blutkörperchen schwimmen. Das Plasma macht etwa 55 Prozent des Blutvolumens aus, es ist eine klare Flüssigkeit und weit mehr als ein reines Transportmedium: Blutplasma enthält wertvolle Nährstoffe und die Gerinnungsfaktoren, die das Verbluten verhindern.

Kokosmilch wird hergestellt, indem man das Fruchtfleisch der Kokosnuss mit dem in der Nuss enthaltenen Kokoswasser mixt. Dieses Wasser ist es, das im Zweiten Weltkrieg, genauer gesagt an der pazifischen Front, tatsächlich in Notzeiten als Plasma-Ersatz Verwendung fand. Zwei Eigenschaften prädestinieren das Kokoswasser dazu: Erstens ist es steril, eine Seltenheit in tropischen Dschungeln, und zweitens ist es isotonisch, hat also einen ähnlichen Salz- und Nährstoffgehalt wie das Original – reines Wasser wäre als Infusion nämlich keine Alternative. Aber natürlich kann das Wasser aus der Nuss das Blut nicht komplett ersetzen.

Ferne Länder

Japaner werden schneller betrunken als Europäer, weil ihnen ein bestimmtes Enzym fehlt

Stimmt. Das Enzym heißt *Acetaldehyddehydrogenase*, und weil das kaum jemand aussprechen kann, wird es mit A1DH abgekürzt.

Wenn wir Alkohol zu uns nehmen, dann wird er in unserem Körper in zwei Stufen abgebaut: Zunächst macht das Enzym ADH aus dem Alkohol den sehr toxischen Stoff Acetaldehyd. Während der bei Kaukasiern (also den meisten Menschen in Europa) relativ schnell durch A1DH in harmloses Acetat verwandelt wird, verfügen 46 Prozent der Japaner und 56 Prozent der Chinesen nicht über dieses Enzym.

Die Folge: Ihr Körper kann das giftige Acetaldehyd nicht so schnell abbauen. Und das führt zu unangenehmen Symptomen: «Sie bekommen ein knallrotes Gesicht und beginnen zu schwitzen», erklärt die Professorin Christiane Bode, die sich an der Universität Hohenheim wissenschaftlich mit dem Abbauprozess des Alkohols beschäftigt. Dieses so genannte «Flush»-Syndrom führt bei den meisten Betroffenen dazu, dass sie das einzig Vernünftige tun: nämlich die Alkoholzufuhr nach ein paar Gläsern zu unterbinden. «Der Rest übertrinkt die unangenehmen Symptome und betäubt sie mit Alkohol», erläutert Frau Bode. Und denen geht es dann richtig schlecht.

Einen Trost noch für die gebeutelten Asiaten: Der Enzymmangel führt nicht nur dazu, dass sie wenig Alkohol vertragen, er scheint auch die Gefahr zu reduzieren, alkoholsüchtig zu werden.

Im alten China wurden die Ärzte nur bezahlt, solange der Patient gesund war

Stimmt nicht. «Seit 30 Jahren werde ich mit diesem Mythos konfrontiert», sagt Paul Unschuld, Sinologe und Medizinhistoriker an der Universität München, ein ausgewiesener Kenner der traditionellen chinesischen Medizin.

Das Klischee, das die Andersartigkeit und Sanftheit der östlichen Medizin belegen soll, hat jedoch keine historische Grundlage. Wohl gab es lange Zeit einen von den Konfuzianern vorgetragenen Streit in China, ob Heiler überhaupt Geld für ihre Dienste nehmen dürften. Aber wenn sie bezahlt wurden, dann ganz analog zu anderen Dienstleistungen. Ärzte waren in China vom 12. Jahrhundert an in der Regel nicht selbständig, sondern Angestellte der Apotheker und wurden auch von diesen bezahlt. Oder sie zogen über Land, boten ihre Diagnose kostenlos an und bezogen ihr Einkommen aus dem Verkauf mitgebrachter Arzneien. Es gab auch Ärzte, die in eigenen Praxen Patienten behandelten. Die Bezahlung hing davon ab, ob der Kranke Nachbar oder Fremder war und ob der Arzt den Lohn als Lebensunterhalt benötigte. Aber eine regelmäßige Bezahlung durch gesunde Patienten, die nur bei Krankheit ausgesetzt wurde, gab es nicht. Ebenso irrig ist die Vorstellung, der chinesische Arzt sei früher nur dann bezahlt worden, wenn seine Behandlung erfolgreich war.

Überhaupt wehrt sich der Medizinhistoriker Unschuld gegen die weit verbreitete Ansicht, dass in Asien ein besserer medizinischer Ethos herrsche als etwa in Europa. «Ich wundere mich über die Vorstellung, dass irgendwo hinter dem Ural eine Moralscheide existieren soll, hinter der die Menschen besser sind.»

Asiaten vertragen keine Kuhmilch

Stimmt. Und nicht nur die Asiaten: 75 Prozent der erwachsenen Menschen auf der Erde können Milchzucker (Laktose) nicht richtig verarbeiten, weil sie nach der Kindheit das entsprechende Enzym (Laktase) verloren haben. Dieses spaltet im Dünndarm den Doppelzucker aus der Milch in einfache Zucker. Wenn es fehlt, gelangt unverdaute Laktose in den Enddarm und ist dort ein gefundenes Fressen für Bakterien – Blähungen, Bauchschmerzen und Durchfall sind die Folge. Entwicklungsgeschichtlich gesehen, ist das nicht weiter schlimm – die Frühmenschen verzehrten nach der Kindheit keine Milchprodukte mehr, das Enzym war also überflüssig.

Erst mit der Einführung der Landwirtschaft vor etwa 12 000 Jahren begannen auch Erwachsene, regelmäßig Milch zu trinken. Dass sich die genetisch bedingte Laktase-Persistenz, also die Fähigkeit, auch im Erwachsenenalter Milch zu verdauen, vor allem in Nordeuropa durchsetzte, liegt wohl daran, dass wir besonders auf Milch als Lieferant für Kalzium und Vitamin D angewiesen sind. Während in unseren Breiten nur etwa 10 Prozent der Menschen Laktose nicht vertragen, sind es im Süden Europas 60 Prozent, in Schwarzafrika 95 Prozent und in Ländern wie Thailand fast 100 Prozent.

Die genetische Ursache der Laktose-Unverträglichkeit ist soeben weitgehend geklärt worden: Anfang 2002 berichten Wissenschaftler in der Fachzeitschrift *Nature Genetics* von zwei dafür verantwortlichen genetischen Varianten, die sie in einer Reihenuntersuchung von finnischen Familien ausgemacht haben.

Der Begriff «Missionarsstellung» entstammt dem Spott der Südsee-Insulaner über die Sexualpädagogik westlicher Missionare, die den «Wilden» christliche Sexualpraktiken vorschreiben wollten

Stimmt nicht. Die Geschichte, dass die christlichen Missionare den Südseebewohnern die Stellung beim Geschlechtsverkehr vorschreiben wollten, kursiert seit den sechziger Jahren. Damals begann sich der Ausdruck «Missionarsstellung» für die Mann-oben-Frau-unten-Position, bei der die Partner einander ins Gesicht schauen können, durchzusetzen. Auch wenn sie heute in vielen Nachschlagewerken zitiert wird – es handelt sich um eine Legende, und ihr Urheber ist kein Geringerer als Alfred Kinsey, der 1948 mit seinem Werk «Das sexuelle Verhalten des Mannes» (dem «Kinsey-Report») die amerikanische Gesellschaft schockierte.

Die Ehre der Missionare gerettet hat Robert J. Priest (er heißt tatsächlich so) von der Divinity School an der amerikanischen Trinity University. Der Gottesmann fand zunächst einmal die verloren gegangene Quelle der Geschichte bei Kinsey. Der wiederum beruft sich in seinem Buch auf Bronislaw Malinowski, einen Anthropologen, der sich eingehend mit der Sexualität der Südseebewohner beschäftigt hat. Malinowski habe notiert, so Kinsey, dass beim Volk der Trobriander «beim gemeinschaftlichen Lagerfeuer Karikaturen der angloamerikanischen Stellung zur großen Belustigung der Eingeborenen vorgeführt wurden, die sie als die ‹Position der Missionare› bezeichneten».

Aber in Malinowskis Werk «The Sexual Life of Savages in North-Western Melanesia» ist diese Lagerfeuergeschichte nicht zu finden. Offenbar hat Kinsey sie sich in seiner Erinnerung aus mehreren Elementen falsch zusammengereimt. Malinowski berichtet zwar tatsächlich, dass sich die Trobriander über die Eintönigkeit der Se-

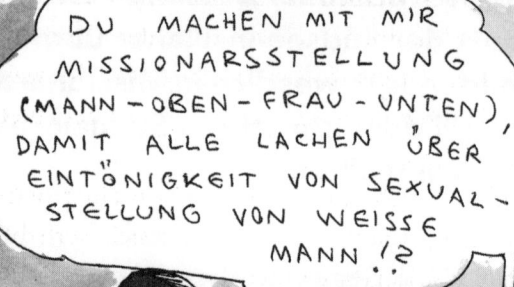

xualstellung der Weißen lustig machten – allerdings ist da nicht die Rede von Missionaren, geschweige denn von moralischen Vorschriften. Der Ausdruck der Insulaner für die westliche Stellung war laut Malinowski *ibilimapu*, was so viel bedeutet wie «sie kann nicht mitmachen».

Und dann berichtet der Forscher von einer neuen «Mode» bei den Südseebewohnern, nämlich dass sich verliebte Paare händchenhaltend in der Öffentlichkeit zeigten, was den alten Sitten widerspräche. Diese Unmoral werde als *misinari si bubunela* bezeichnet, als «Missionarsmode». Die Gottesmänner haben das romantische Repertoire der Südseebewohner also nicht prüde eingeschränkt, wie die Legende behauptet, sondern eher erweitert. Von kirchlichen Vorschriften, wie man sexuell zu verkehren habe, keine Spur.

«Kinsey hat anscheinend eine Legende erfunden in dem Glauben, eine historische Tatsache zu berichten», schreibt Priest. So entstand der Ausdruck, der heute in vielen Sprachen zum Allgemeingut gehört.

Indianer kennen keine Höhenangst

Stimmt nicht. Dies wird gerne im Zusammenhang mit dem Bau von Wolkenkratzern Anfang dieses Jahrhunderts in Nordamerika behauptet, bei dem bevorzugt amerikanische Ureinwohner zur Montage der Stahlskelette eingesetzt wurden. Das Empire State Building, das Chrysler Building, das Rockefeller Center – die berühmtesten der älteren Wolkenkratzer wurden mit indianischen Arbeitern errichtet.

Besonders häufig wurden dabei die Irokesen angeheuert – genauer gesagt Mohawks aus dem Kahnawake-Reservat. Die Tradition geht zurück bis ins Jahr 1886, als die Eisenbahngesellschaft Canadian Pacific Railway eine Brücke über den St.-Lorenz-Strom errichtete. Bei diesem historischen Bau ging es jedoch nicht um Schwindelfreiheit, sondern es war ein Tausch: Die Eisenbahngesellschaft gab den Indianern Arbeit und dafür durfte sie ihre Gleise durchs Indianerreservat legen.

Noch heute arbeiten viele junge Indianer in der Hochbaubranche. Das mag mit der Tradition zu tun haben, aber auch mit der Arbeit: Sie erfordert es oft, Wochen oder Monate «auf Montage» zu verbringen, in denen man die Familie nur selten sieht. Die Tradition wird sogar in einem speziell auf Indianer zugeschnittenen Trainingsprogramm im US-Staat Illinois gepflegt. 14 Wochen dauert die Vorbereitung auf die Kletterarbeit.

Nichts spricht jedoch dafür, dass den amerikanischen Ureinwohnern unser Schwindelgefühl abgeht. Tatsächlich ist es wohl einfach eine Sache der Übung und eine Frage des Mutes. Zu diesem Schluss kam 1958 der Anthropologe Morris Freilich in einer Feldstudie, bei der er viel Zeit mit indianischen Arbeitern verbrachte. Und nach ein paar Gläsern gestanden sie ihm: Auch der Indianer kennt die Angst vorm Fallen – aber er schluckt sie halt mannhaft herunter. Der Rest ist Übung.

Indianer müssen sich nicht rasieren, weil sie sich die Barthaare ausgerissen haben

Stimmt nicht. «Sollte dieser Apanatschka, aller Indianerart entgegen, einen so dichten Bart besitzen, dass er sich rasieren musste? Wo nahm er die Seife her? Bekanntlich rasieren sich die Indianer nicht, sondern sie reißen sich die wenigen Barthaare, die sie haben, so lange aus, bis sie nicht wiederwachsen», schreibt Karl May in «Old Surehand». Der sächsische Abenteuerdichter hat wohl für die Verbreitung der Legende vom indianischen Bartausreißen bei uns gesorgt. Tatsächlich hat schon Charles Darwin berichtet, dass die meisten Indianer praktisch bartlos sind, und auch bei ihm findet sich die Sache mit dem endgültigen Ausreißen der Barthaare in der Pubertät.

Aus schmerzhafter Erfahrung weiß aber jede Frau, die sich einmal die Beine mit Wachs enthaart hat (und jeder Mann, der sich die Nasenhaare ausrupft): Die störenden Borsten kommen wieder. Zwar dauert das länger als bei einer Rasur. Das Ausreißen zerstört aber nicht den Haarfollikel, sodass der bald ein neues Haar hervorbringt. Um eine Haarwurzel dauerhaft zu veröden, sind andere technische Hilfsmittel nötig, etwa Laserstrahlen. Und über die haben die Indianer zu Mays Zeiten sicher nicht verfügt. Der geringere Haarwuchs hat wohl eher genetische Ursachen.

Das Wort «Känguru» bedeutet in der Sprache der australischen Aborigines «Wie bitte?»

Stimmt nicht. Der berühmte britische Seefahrer James Cook segelte im Juni 1770 im Pazifischen Ozean, als bei der Fahrt durch das Great-Barrier-Riff sein Schiff *Endeavour* leck schlug. Man landete am Strand des heutigen Queensland, und während die Mannschaft das lädierte Schiff reparierte, erspähte Cook ein ihm bis dahin unbekanntes Tier. Er notierte in seinem Tagebuch: «Die Tiere, die ich erwähnt habe, werden von den Eingeborenen *kangooroo* oder *kanguru* genannt.»

Als später die australischen Eingeborenensprachen näher untersucht wurden, fand man alle möglichen Namen für das Beuteltier, der gebräuchlichste war *patagaran*. Keine der Vokabeln aber klang nach «Känguru». Daher stammt wohl die Legende, die sogar noch heute in dem etymologischen Wörterbuch «The Facts on File Encyclopedia of Word and Phrase Origins» zu finden ist: «Cook fragte einen Eingeborenen nach dem Namen eines seltsamen Beuteltiers. Der Eingeborene antwortete ‹Känguru› oder ‹Ich weiß nicht›». So sei die Vokabel fälschlich in die Wörterbücher geraten.

Schön erfunden, diese kleine Geschichte, aber leider ist sie unwahr. Es gibt nämlich tatsächlich einen australischen Dialekt namens Guuge Yimidhirr, und schon 1898 hat ein Ethnologe bemerkt, dass darin das Wort *gang-oo-roo* existiert. Im Jahr 1972 wurde die Vokabel von dem Anthropologen John Haviland «wiederentdeckt» und ist inzwischen auch im «Australian National Dictionary» verzeichnet. Es kann also keinen Zweifel geben: James Cook hat die Eingeborenen richtig verstanden, sie haben ihm den Namen des Tiers genannt.

Neun Monate nach dem großen Stromausfall in New York stieg die Geburtenrate deutlich an

Auch wenn diese Geschichte romantisch klingt: Sie stimmt nicht. Urheber der Legende war wohl die *New York Times*, die am 10. August 1966, neun Monate nach dem Blackout vom 9. November 1965, von ungewöhnlich hohen Geburtenraten berichtete: 28 statt durchschnittlich 11 im Mount Sinai Hospital, 29 statt 20 im Belle-vue Hospital und so weiter. Jeder Statistiker weiß, dass es solche Ausreißer immer gibt – in einer Stadt mit vielen Krankenhäusern kann man sie fast täglich finden. Trotzdem fand sich ein Sozio-loge, der darin einen Effekt sah und kommentierte: «Unsere Daten zeigen, dass die meisten Menschen zu Hause blieben. Sie hatten keinen Zugang zu ihrem Hauptvergnügen – dem Fernsehen. Un-ter diesen Umständen ist es nicht unvernünftig anzunehmen, dass eine Menge Sex stattfand.»

Die *Times* schlachtete die Geschichte auch in den folgenden Tagen aus, interviewte frisch gebackene Eltern, die sich zu ihrem Treiben in der fraglichen Nacht bekannten und darauf hinwiesen, dass man ja auch in Pompeji eng umschlungene Paare ausgegra-ben hätte.

Als sich dann 1970 endlich jemand wissenschaftlich mit den Da-ten auseinander setzte, blieb von dem «blackout boom» nicht viel übrig: Richard Udry von der University of North Carolina analy-sierte in der Fachzeitschrift *Demography* die kompletten Geburts-statistiken von New York. Zunächst einmal betrachtete er nicht ei-nen einzelnen Tag neun Monate nach dem Stromausfall, sondern die sechs Wochen, in denen statistisch gesehen 90 Prozent der Ba-bys zur Welt kommen. Die fragliche Periode im Jahr 1966 verglich er mit der entsprechenden Zeit in den fünf vorangegangenen Jah-ren – eine ungewöhnliche Häufung war nicht festzustellen.

Udrys Artikel schließt mit den Worten: «Glauben wir nicht, dass eine einfache statistische Analyse wie diese mit dem Mythos der ‹blackout babys› aufräumen wird. Neun Monate nach dem großen Schneefall von 1967 in Chicago berichteten die Krankenhäuser, dass sie sich auf eine Lawine von ‹Schneebabys› vorbereiten würden. Viele finden offenbar Gefallen an der Vorstellung, dass die meisten Menschen, die durch ein unvorhergesehenes Ereignis von ihren gewöhnlichen Aktivitäten abgehalten werden, sich der Kopulation zuwenden.»

Am Amazonas gibt es einen Fisch, der Menschen in die Harnröhre kriecht

Stimmt. Es klingt doch sehr nach Männerfantasie: eine kleine Welsart namens Candirú (Zahnstocherfisch), die in die Harnröhre ins Wasser pinkelnder Männer eindringt, sich dort verhakt und nicht mehr zu entfernen ist. Und über die Tierwelt des Amazonasgebiets kursieren ja einige Legenden – die mit den Piranhas habe ich schon in «Stimmt's?, Folge 3» behandelt.

Aber den Candirú gibt es tatsächlich, und er zeigt auch dieses bizarre Verhalten. Letzte Zweifel beseitigt ein Bericht des brasilianischen Urologen Anoar Samad aus Manaus, der von Zeugen bestätigt wird und im Internet mit Fotos dokumentiert ist. 1997 kam ein 23-jähriger Mann mit großen Schmerzen in Samads Klinik, der erzählte, dass beim Urinieren in einen Fluss ein solcher Fisch in seine Harnröhre eingedrungen sei. Der glitschige Candirú habe sich nicht mehr herausziehen lassen, sondern mit beängstigendem Tempo immer weiter vorangearbeitet.

Eine «Totaloperation» war nicht notwendig. Mit einem Endoskop, an dessen Spitze eine kleine Greifzange befestigt war, konnte der Urologe den 13 Zentimeter langen Fisch entfernen. Die Prozedur wurde erleichtert durch die Tatsache, dass der Fisch tot war – so waren die Widerhaken, mit denen er sich gegen das Herausziehen sträubte, bereits erlahmt.

Skeptisch bin ich allerdings gegenüber der auch von diesem Opfer aufgestellten Behauptung, der Fisch könne im Urinstrahl von Männern «bergauf» schwimmen. Ungeklärt ist auch, ob der Candirú, der auch in die Körperöffnungen anderer Fische kriecht, tatsächlich vom Urin angelockt wird. Der operierte Mann war übrigens bei der Nachuntersuchung wohlauf.

In Äquatornähe wird es nach Sonnenuntergang schlagartig dunkel

Stimmt nicht. Zwar ist es richtig ist, dass die Dämmerung in Äquatornähe kürzer ist als bei uns. Dass es «schlagartig» dunkel würde, davon kann aber keine Rede sein – die Dämmerung ist immer noch etwa zwei Drittel so lang wie bei uns im Frühling. Und der Grund dafür ist auch nicht, wie man oft lesen kann, dass sich die Erde am Äquator schneller dreht als in höheren Breiten.

Als «bürgerliche Dämmerung» bezeichnen die Astronomen die Zeit zwischen Sonnenuntergang (der Mittelpunkt der Sonnenscheibe liegt genau auf dem Horizont) und dem Zeitpunkt, an dem sich die Sonne sechs Grad unter dem Horizont befindet – ungefähr so lange kann der Bürger noch ohne Hilfsbeleuchtung Zeitung lesen. Diese bürgerliche Dämmerung wird gefolgt von der nautischen (Sonne zwischen 6 und 12 Grad unter dem Horizont, Sterne sind sichtbar) und der astronomischen (zwischen 12 und 18 Grad). Am Äquator geht die Sonne immer senkrecht unter, bei uns bildet die scheinbare Sonnenbahn stets denselben Winkel von etwa 40 Grad mit dem Horizont. Bei dieser flachen Bahn dauert es länger, bis die Sonne den entsprechenden Abstand gewonnen hat. Je nach Jahreszeit beträgt die bürgerliche Dämmerungszeit bei uns zwischen 32 und 45 Minuten. Am Äquator schwankt sie zwischen 21 und 23 Minuten.

Richtig lang wird die Dämmerung, wenn man sich den Polen nähert. In den berühmten «weißen Nächten» in St. Petersburg, in denen es gar nicht richtig finster wird, dämmert es mehr als eineinhalb Stunden lang. Am Nord- und Südpol schließlich ist jeweils ein halbes Jahr lang Tag und Nacht, und die Dämmerung dazwischen dauert etwa eine Woche.

Nicht der Mount Everest, sondern der Chimborazo in Ecuador ist der Gipfel, der am weitesten vom Erdmittelpunkt entfernt ist

Stimmt. Der Grund dafür ist, dass die Erde keine Kugel ist, sondern (annähernd) ein Rotationsellipsoid, das an den Polen abgeflacht ist. Der Abstand vom Nord- zum Südpol ist etwa 43 Kilometer kleiner als der Durchmesser am Äquator. Da der Chimborazo nur bei 1,5 Grad südlicher Breite liegt, der Mount Everest aber bei 28 Grad nördlicher Breite, ergeben sich nach ein wenig Rechnerei mit Sinus, Cosinus und ein paar Wurzeln für die beiden Standorte unterschiedliche Entfernungen des (fiktiven) Meeresspiegels vom Erdmittelpunkt: 6378,1 Kilometer in Ecuador, 6373,4 Kilometer in Nepal. Wenn man darauf noch die Höhe der Berge addiert (6310 Meter für den Chimborazo, 8850 Meter für den Mount Everest), so ist der Chimborazo tatsächlich knapp 2200 Meter «höher». Das gilt übrigens auch für eine Menge anderer Andengipfel, aber auch für den afrikanischen Kilimandscharo.

Nach allen irdischen Maßstäben aber bleibt der Mount Everest der König der Berge, etwa was dünne Höhenluft anbetrifft. Und würde man eine Wasserleitung zwischen beiden Gipfeln verlegen, so flösse das Wasser bergab zum Chimborazo. Theoretisch zumindest.

Es gibt übrigens noch einen dritten Gipfel, von dem man sagt, er sei der höchste Berg der Erde: Der Mauna Kea auf Hawaii. Er ist der Berg, bei dem der größte Höhenunterschied zwischen seinem Fuß und seiner Spitze besteht. Nämlich etwa 9750 Meter – gemessen vom Meeresboden aus.

Der Elbrus und nicht der Mont Blanc ist der höchste Berg Europas

Kommt drauf an, was man unter Europa versteht. Der Elbrus ist 5642 Meter hoch und überragt damit eindeutig den Mont Blanc, der es nur auf 4808 Meter bringt. Aber ist er ein europäischer Berg? Was ist Europa, geographisch betrachtet?

Auch wenn Politiker gern von einer geographischen Einheit Europas reden, die es auch politisch zu realisieren gelte – es gibt sie nicht. Es liegt mit Asien unzertrennlich auf einer tektonischen Platte, und das wird auch für einige Zeit so bleiben. Wie ist es mit anderen geographischen Merkmalen? Man kann Ozeane und Flüsse eindeutig als Grenz-Markierer definieren, auch der Kamm eines Gebirges ist eine klare Grenze. Damit kommt man aber im Osten Europas nicht weit: 1730 verlegte der schwedische Offizier Philip Johan von Strahlenberg im Auftrag des Zaren die Ostgrenze auf den Kamm des Uralgebirges. Weiter südlich muss man dann aber eine Grenze zwischen dem Schwarzen und dem Kaspischen Meer ziehen, und von Strahlenberg wählte die Manytsch-Niederung, ein sumpfiges Gebiet am Don. Seitdem hat es keine offizielle Festlegung dieser Grenze gegeben (die ja innerhalb Russlands liegt), aber viele Geographen fanden, dass eine Niederung nicht gerade eine klare Abgrenzung erlaubt, und ließen Europa lieber am 300 Kilometer südlich gelegenen Kamm des Kaukasus enden. Dann läge der Elbrus-Gipfel gerade noch in Europa, und der Mont Blanc wäre entthront, ja er wäre nicht einmal mehr unter den Top Ten der europäischen Berge.

Eine befriedigende Antwort auf die Frage wird es nie geben – Europa lässt sich geographisch nicht sinnvoll definieren.

Die Eskimos haben mehr als zwanzig Ausdrücke für Schnee

Stimmt nicht. Ein schönes Beispiel für die inflationäre Verbreitung einer Legende: Der Anthropologe Franz Boas erwähnte Anfang des Jahrhunderts, die Eskimos hätten vier Wortstämme für Schnee – als Beleg für die Komplexität angeblich «primitiver» Sprachen. Ein Schüler von Boas war Edward Sapir und bei dem studierte wiederum Benjamin Lee Whorf, auf den die so genannte «Sapir-Whorf»-Hypothese zurückgeht, nach der unser Denken von der Sprache bestimmt (und begrenzt) wird. Bei Whorf waren es schon sieben Schneewörter und dann nahmen die Dinge ihren Lauf: Manchmal hört man, dass die Inuit Hunderte von Schneearten unterscheiden. Die Ausbreitung der Legende wurde auch kaum gestoppt, als der Linguist Geoff Pullum 1991 das Buch «The Great Eskimo Vocabulary Hoax» («Der große Eskimo-Wortschatz-Schwindel») veröffentlichte. Ein Zitat: «Die angeblichen lexikalischen Extravaganzen der Eskimos passten so gut zu den vielen anderen Facetten ihrer polysynthetischen Perversion: Nasenreiben; ihre Frauen an Fremde verleihen; rohen Seehund-Glibber essen; die Oma aussetzen, damit sie von Eisbären gefressen wird.»

Tatsächlich ist die Zahl der Eskimowörter für Schnee erstaunlich klein. Die Zählung ist schwierig, weil die Eskimosprachen agglutinierend sind, das heißt, sie verschmelzen viele Satzteile zu Riesenwörtern. Zählt man nur die Wortstämme, so kommt man kaum auf zehn. Und wenn man überlegt, dass wir auch in unseren Breiten von einer ganzen Palette verschiedener Schneearten reden, dann ist das nicht gerade ungewöhnlich. So kennen die Einheimischen in den Alpen rund zwanzig Ausdrücke für die weiße Pracht. Da findet sich Locker- und Wild-, Neu- und Pappschnee. Da kennt man filzigen Schnee und Oberflächenreif, fachsimpelt über Harsch, Firn und Sulz. Der Skifahrer schwingt sich durch Pulver-

und Faulschnee oder er gerät in eine auf Schwimmschnee zu Tal
donnernde Schneebrettlawine.

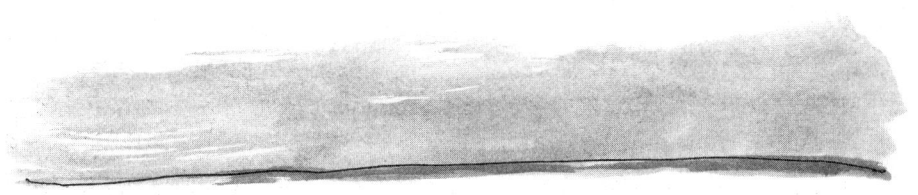

WIR HABEN
MEHR ALS
20 AUSDRÜCKE
FÜR SCHNEE!

IM IGLU NACH →
UMUK FRAGEN

In Island gibt es eine staatliche Elfenbeauftragte

Stimmt. Sie heißt Erla Stefánsdóttir und arbeitet für das Bauamt in der Hauptstadt Reykjavík, und sie fühlt sich nicht nur für Elfen, sondern auch für Trolle, Gnome und anderes Huldofólk zuständig – so nennen die Isländer die für den Normalsterblichen unsichtbaren Wesen. Frau Erla, die ansonsten als Klavierlehrerin arbeitet, hat eine «Landkarte der verborgenen Welt» erstellt, und bei größeren Bauvorhaben wird sie um ihre Meinung gefragt. Sie hat auch einige Pläne schon per Veto verhindert oder verändert: Der Elfenhügelweg zwischen Reykjavík und Kópavogur macht einen Bogen um einen angeblich von Elfen bewohnten Hügel; man wollte die Ruhe der Fabelwesen nicht stören, die sich wohl von Bau- und Verkehrslärm belästigt fühlen. In der Stadt Grundarfjörður blieb zwischen zwei Häusern ein von Fantasiewesen bewohnter Fels stehen und bekam sogar die Hausnummer 84.

Die Isländer sind zwar zu über 95 Prozent Christen, aber sie wurden spät missioniert, um das Jahr 1000. Und offenbar haben die Missionare auf die Bewohner der entlegenen Insel nicht restlos überzeugend gewirkt. Jedenfalls hält sich parallel zur christlichen Lehre der Glaube an Naturgeister. In Umfragen bekennt sich mehr als die Hälfte des Inselvolks dazu. Die protestantische Staatskirche protestiert manchmal, wenn der Aberglaube gar zu hohe Wellen schlägt, aber das schert die Leute anscheinend wenig.

Natürlich kann man davon ausgehen, dass die offiziellen Stellen in der Elfenbeauftragten auch eine Einrichtung zur Förderung des Fremdenverkehrs sehen. So mancher Tourist bringt eine Elfenkarte als Souvenir mit nach Hause. Frau Erla, die auch ein Buch über Elfen und Trolle veröffentlicht hat, glaubt allerdings fest an die «feinstofflichen» Wesen, sie kann sie sehen und mit ihnen reden. Und selbstverständlich kennt sie sich auch mit Wasseradern und Erdstrahlen aus, die ein Bauvorhaben beeinträchtigen könnten.

Jeder männliche Schweizer Eidgenosse, der den Wehrdienst abgeleistet hat, hat zur Verteidigung des Landes eine Schusswaffe im Schrank

Stimmt. Weil die Mobilisierung der Reservisten im Verteidigungsfall in dem unwegsamen Gebirgsland offenbar ein großes logistisches Problem darstellt, darf auch heute noch jeder Schweizer sein Sturmgewehr mit nach Hause nehmen, nachdem er seinen Wehrdienst abgeleistet hat. Bis zu seinem 40. Geburtstag muss er dann noch einmal jährlich beim Schützenverein seine «Schießpflicht» erfüllen und seine Treffsicherheit unter Beweis stellen, «Obligatorisches Programm» nennt sich das. Aber auch noch danach darf er die Waffe samt Munition zu Hause aufbewahren – allenfalls wird das moderne Gewehr gegen ein älteres Modell ausgetauscht.

Die Statistik lässt darauf schließen, dass nicht alle dieser Sturmgewehre im häuslichen Schrank Staub ansetzen: Bezogen auf die Bevölkerungszahl, sterben in der Schweiz mehr als viermal so viele Menschen durch Schusswaffen wie in Deutschland. Und das sind nicht nur Selbstmörder: Statistisch werden 0,9 von 100 000 Schweizern jährlich durch den Schuss eines Landsmanns getötet, in Deutschland beträgt die Zahl nur 0,2. Wo Schusswaffen weit verbreitet sind, werden sie also offenbar auch benutzt.

Die Schweizer Armee benutzt Schweizer Messer

Stimmt. Das Messer gehört zur Ausrüstung der eidgenössischen Armee. Es gibt zwei Sorten der berühmten roten Taschenmesser: das «Original Schweizer Offiziersmesser» der Firma Victorinox und das «Echte Schweizer Offiziersmesser» von Wenger. Unterscheidbar sind die beiden Varianten an dem Emblem, das auf der Außenschale prangt. Seit Victorinox im Jahr 2005 Wenger aufgekauft hat, ist der Unterschied jedoch nicht mehr so wichtig.

Die ersten dieser Messer wurden 1891 an die Schweizer Armee geliefert. Kurz zuvor war die erste Messerschmiede in der Schweiz von Karl Elsener gegründet worden. Die vielseitigen Multifunktionswerkzeuge wurden ein Exporthit, als «Swiss Army Knife» sind sie auch in Übersee beliebt. Es gibt sie in den groteskesten Varianten, neuerdings auch mit integriertem MP3-Stick. 55 000 Messer stellt Victorinox täglich her.

Noch heute beliefert die Firma auch die Schweizer Armee, und zwar nicht nur die Offiziere. Jeder Rekrut bekommt zu Beginn seiner Ausbildung ein Messer, dessen Schnickschnack sich allerdings in Grenzen hält. Es hat nur vier ausklappbare Teile: Messerklinge, Stechahle, Dosenöffner und Kapselheber. Zu den besten Zeiten, sagt der Victorinox-Sprecher Urs Wyss, wurden davon 50 000 pro Jahr hergestellt. Zurzeit fänden allerdings aufgrund des Personalabbaus in der Armee keine regelmäßigen Lieferungen statt.

Ein wirklich originales Schweizer Soldatenmesser ist übrigens leicht zu erkennen: Es ist nicht rot, sondern hat eine silberfarbene Aluminiumschale.

Essen und Trinken

Abendliches Essen macht dick

Stimmt nicht. Die Überzeugung, dass man sich abends mit dem Essen zurückhalten sollte, ist weit verbreitet. «Frühstücken wie ein Kaiser, Mittagessen wie ein König, Abendessen wie ein Bettler» – solche und ähnliche Regeln sorgen vielleicht dafür, dass des Nachts der Verdauungsapparat nicht überstrapaziert wird. Mit dem Dickwerden haben sie aber nichts zu tun. Jedenfalls haben Ernährungswissenschaftler keine Belege für diesen Glauben finden können.

In einer Studie, deren Ergebnisse unter dem Titel «Abendliches Essen und spätere Gewichtszunahme in einer nationalen Kohorte» 1997 im Fettsucht-Fachblatt *International Journal of Obesity* veröffentlicht wurden, haben amerikanische Forscher die zeitliche Verteilung der Nahrungsaufnahme bei 2580 Männern und 4567 Frauen untersucht. Die Probanden führten penibel Protokoll darüber, was sie zu welcher Uhrzeit aßen. Nach zehn Jahren wurden sie noch einmal gewogen. Das Ergebnis: Im Schnitt nahmen sie 46 Prozent ihrer Kalorien nach 17 Uhr zu sich. Es war jedoch nicht so, dass ausgesprochene Spätesser in den zehn Jahren besonders viel zugenommen hätten. Allerdings meinen die Forscher, dass die Frage noch einmal genauer untersucht werden sollte. Das Hauptproblem bei solchen Studien ist das so genannte «under-reporting» – viele Testpersonen schummeln und geben nicht alles an, was sie gegessen haben.

Ein schönes Argument gegen die Dickmachlegende lieferte mir ein Leser aus Straßburg, der in anschaulicher, sehr Appetit anregender Weise die Essgewohnheiten der südfranzösischen Provence schilderte, wo sich ausgiebige Mahlzeiten gern bis Mitternacht hinziehen. In Spanien fängt man noch später an zu essen. «Und die Moral von der Geschicht'? Nein, dick sind sie nicht!»

Man kann durch Fastenkuren den Körper entschlacken

Stimmt nicht. Schlacke ist laut Duden ein «Rückstand beim Verbrennen, bes. von Koks» – und so etwas liegt im menschlichen Körper nicht herum. Auch die anderen Abfallprodukte und Giftstoffe, die bei unserem Stoffwechsel übrig bleiben, werden gewöhnlich zuverlässig von Niere und Darm abtransportiert. Und es gibt keinerlei Anzeichen dafür, dass man etwa durch Fasten zusätzliche Schadstoffe aus dem Körper ausscheiden könnte. «Der Begriff ‹Entschlackung› ist eine Metapher und hat keine ernährungswissenschaftliche Grundlage», sagt zum Beispiel Klaudia Pütz von der Gesellschaft für Ernährungsmedizin und Diätetik.

Über den Sinn von Fastenkuren soll an dieser Stelle nicht diskutiert werden – Ernährungswissenschaftler warnen immer wieder vor den Gefahren der absoluten Nulldiät. Deren Beliebtheit lässt sich unter anderem dadurch erklären, dass der aufgrund des Nahrungsentzugs in Panik geratene Körper verstärkt Endorphine ausschüttet, die durchaus berauschend wirken können. Und weil der Stoffwechsel aus dem Gleichgewicht gerät und der Körper übersäuert, riechen auch die Ausdünstungen anders. Fastende neigen zum Stinken – und vielleicht halten sie das für den Geruch der «Schlacken», deren sich der Körper angeblich entledigt.

Cola löst über Nacht ein Stück Fleisch auf

Stimmt nicht. Aber es passiert allerlei Ekliges, wie ein eigens für diese Kolumne durchgeführter Versuch beweist: Nach 24 Stunden in der Koffeinbrause hat sich das Stückchen Rinderfilet hellbraun gefärbt, ist sehr mürbe geworden und riecht übel. Der braune Farbstoff der Cola ist ausgefällt und schwebt in Gestalt unappetitlicher Flocken in der trüben Brühe. Auf der Oberfläche hat sich ein brauner Schaum gebildet. In den gleichzeitig angesetzten Gläsern mit Orangensaft, Mineral- und Leitungswasser ist es zu derartigen Prozessen nicht gekommen; das Fleisch ist lediglich aufgeweicht und ausgebleicht.

Um die chemischen Eigenschaften von Cola ranken sich allerlei Geschichten und Legenden. Auch wenn die exakte Zusammensetzung von den Herstellern immer noch streng geheimgehalten wird, sind die wichtigsten aktiven Substanzen doch allgemein bekannt: Kohlensäure, Phosphorsäure und Zucker. Insbesondere die Phosphorsäure kann Wundersames bewirken: Die Geschichte mit dem rostigen Nagel beispielsweise ist wahr. Der löst sich zwar nicht auf (da liegt wohl eine Verwechslung mit der Fleischlegende vor), aber er wird von der braunen Limo entrostet und erhält sogar noch einen grauen Antikorrosionsüberzug.

Der chemische Hintergrund dabei: Die Phosphorsäure zersetzt den Rost, also Eisenoxid, und bildet statt dessen eine Schicht aus Eisenphosphat ($FePO_4$). So erklärt es Jens Decker von der Universität Regensburg, der zusammen mit seinen Kollegen den Schülerwettbewerb «Chemie im Alltag» ausrichtet, bei dem die Jugendlichen auch schon einmal Nägel in Cola einlegen mussten.

Eine weitere Cola-Legende: Ein Zahn, in Cola eingelegt, löst sich über Nacht auf. Auch diese Geschichte stimmt nicht, hat aber einen wahren Kern: Tatsächlich greift die Brause den Zahnschmelz an, und wieder ist dafür die Phosphorsäure verantwortlich, die ein

halbes Promille der Cola ausmacht. Das bestätigte im Jahr 1950 Clive M. McCay, Professor an der renommierten Cornell University, vor einem Komitee des US-Repräsentantenhauses. Er berichtete von einem Versuch, bei dem die Zähne von Ratten, die nur Cola zu trinken bekamen, innerhalb eines halben Jahres fast vollständig verschwunden waren.

Nur warnen kann man vor einem Rezept, das auf einer angeblichen Wunderwirkung von Coke und Pepsi beruht: eine Vaginaldusche mit Cola als Verhütungsmittel «danach». Zwar stimmt es, dass das säurehaltige Getränk eine gewisse spermizide Wirkung hat (am besten wirkt die Light-Variante, wie Forscher der Harvard University herausfanden) – doch kommt sie meist zu spät, weil die Spermien auf ihrer fruchtbaren Mission schon zu weit vorgedrungen sind.

Coca-Cola enthielt früher Kokain

Stimmt. Die braune Brause hat ihren Namen von zwei Geschmacksstoffen, die sie enthält: den der Kolanuss und den der Kokapflanze (im Verhältnis eins zu drei). Aus Letzterer wird Kokain gewonnen. Als die Coke-Formel 1886 entwickelt wurde, ging man damit recht sorglos um. Sigmund Freud pries die stimulierende Wirkung der Droge, sie wurde zur Unterstützung beim Entzug von Morphinabhängigen eingesetzt.

Coca-Cola wurde sogar als Medizin vermarktet, die gegen «Nervenleiden» wie Kopfschmerz und Melancholie wirken sollte.

Ende des 19. Jahrhunderts wurden die Schattenseiten von Kokain offenbar, und in der Presse wurde sogar nach Maßnahmen gegen den Limofabrikanten gerufen. Der stellte seine Produktion um – seitdem enthält die Cola nur noch Kokablätter, denen der Suchtstoff entzogen wurde.

An die große Glocke hat Coca-Cola diesen Wandel nie gehängt. Als die Firma 1985 die berühmte Formel veränderte, tat sie das angeblich zum ersten Mal seit 99 Jahren. Aber das war offensichtlich nur die halbe Wahrheit.

Energy-Drinks wie Red Bull enthalten unter der Bezeichnung «Taurin» Urin von Stieren

Stimmt nicht. Das ist ja eine schöne Etymologie, das Wort aus dem griechischen *tauros* (Stier) und Urin zusammenzusetzen! Die Geschichte mit dem Stier stimmt teilweise: Taurin wurde zum ersten Mal aus der Gallenflüssigkeit von Rindern extrahiert. Es ist eine Aminosulfonsäure, die sich im Körper aller Säugetiere findet. Hat also nichts mit Urin zu tun. Übrigens auch nichts mit potenzsteigernden Stierhoden, wie ein anderes Gerücht lautet.

Warum aber kippen die Hersteller der vollsynthetischen, nach verflüssigten Gummibärchen schmeckenden Limonaden den Stoff in ihre Getränke? Taurin erleichtert vielen Wirkstoffen den Übertritt in die Blutbahn, unter anderem dem Koffein. Von dem ist in einer Dose des Kult-Gesöffs nicht mehr als in einer Tasse Kaffee – doch durch das Taurin soll es noch wacher machen und angeblich «Flühügel» verleihen. Man kann aber davon ausgehen, dass durch solche geheimnisvoll klingenden Zutaten eher das Image eines legalen Aufputschmittels gefördert werden soll. Tatsächlich sind Red Bull und Konsorten eher harmlos.

Auf jeden Fall muss man von dem darin enthaltenen Taurin keine gesundheitlichen Schäden befürchten. Jede Büchse enthält etwa ein Milligramm der Substanz – in der gleichen Menge Muttermilch ist zwölfmal so viel.

Kaffee entzieht dem Körper so viel Flüssigkeit, wie er ihm zuführt

Stimmt nicht. Die Regel, dass man Kaffee und Tee bei der täglichen Flüssigkeitsaufnahme nicht mitzählen darf, ist eher symbolisch gemeint und nicht wörtlich zu nehmen – auch wenn es unter gesundheitlichen Gesichtspunkten bestimmt nicht sinnvoll ist, den gesamten Flüssigkeitsbedarf mit koffeinhaltigen Getränken zu decken. Tatsächlich wirkt Kaffee harntreibend. Trotzdem wird niemand verdursten, der große Mengen Kaffee oder Tee trinkt und sonst nichts.

Die diuretische, also den Harnfluss verstärkende Wirkung von Koffein ist seit über 100 Jahren bekannt. Sie beruht hauptsächlich darauf, dass Koffein die Durchblutung der Niere steigert und dadurch deren Aktivität erhöht. Außerdem hemmt es (ebenso wie Alkohol) die Produktion des Hormons ADH, auch Vasopressin genannt. Dieses ADH wiederum hemmt die Flüssigkeitsausscheidung der Niere. Die Hemmung wird gehemmt – die Niere scheidet mehr aus.

Es ist aus verschiedenen Gründen schwierig, genau zu beziffern, wie viel Flüssigkeit man verliert, wenn man einen Liter Kaffee trinkt: Erstens ist die diuretische Wirkung von Mensch zu Mensch verschieden. Zweitens gibt es einen Gewöhnungseffekt – bei starken Kaffeetrinkern lässt diese Wirkung nach. Und drittens hängt der Effekt von der Flüssigkeitsbilanz ab: Wenn man zusätzlich andere Getränke zu sich nimmt, wird auch der durch den Kaffee erzeugte Harndrang stärker. Das symbolische Glas Wasser zum Espresso nützt also für die Flüssigkeitsbilanz nicht viel.

Wenn Tee kurze Zeit zieht, wirkt er anregend, sonst beruhigend

Stimmt. Verantwortlich für diese unterschiedliche Wirkung ist die Tatsache, dass die Inhaltsstoffe des Tees unterschiedlich schnell aus den Blättern herausgelöst werden. Da ist zunächst das anregende Koffein. Das löst sich schnell im Wasser – bereits nach ein bis zwei Minuten ist der überwiegende Teil des Koffeins im Tee drin.

Für die beruhigende Wirkung von Tee sind die Gerbstoffe verantwortlich, so genannte Polyphenole, denen viele gesundheitsfördernde Eigenschaften zugeschrieben werden (sie sind zum Beispiel auch in Rotwein enthalten). Sie gehören zu den Antioxidantien und gelten in manchen Kreisen als krebsverhütend und lebensverlängernd. Ein Glas Rotwein oder zwei Tassen Tee enthalten so viel Antioxidantien wie 20 Gläser Apfelsaft! Die Gerbstoffe wirken nicht nur wohltuend auf den Magen, sondern sie binden auch Teile des Koffeins an sich. Es scheint so zu sein, «dass der an Gerbstoffe gebundene Koffeinanteil vom Körper nicht aufgenommen werden kann», so die Ernährungswissenschaftlerin Eva-Maria Schröder in einer Arbeit über die Wirkung des Koffeins im Tee. Diese Gerbstoffe werden langsamer aus den Teeblättern gelöst als das Koffein. Nach vier bis fünf Minuten Ziehzeit entfalten sie ihre volle beruhigende Wirkung. Als «Gegengift» zum Koffein wirkt auch die Aminosäure Theanin, die ebenfalls erst bei längerem Ziehenlassen in das Heißgetränk übergeht.

Beim grünen Tee ist die Zusammensetzung der Gerbstoffe eine andere als beim schwarzen, ansonsten gelten aber die gleichen Regeln.

Der größte Teil der Tomatensaftproduktion wird an Bord von Flugzeugen verzehrt

Stimmt nicht. Der überwiegende Teil ist es nicht, aber es ist erstaunlich viel. Genaue Zahlen sind schwer zu bekommen, aber man kann es ungefähr ausrechnen: Die Lufthansa schenkt im Jahr etwa 1,2 Millionen Liter Tomatensaft an ihre Passagiere aus. Ein Teil davon wird im Ausland konsumiert, dafür schenken andere Fluggesellschaften Saft über deutschem Boden aus – nehmen wir also einfach mal diese Zahl. Um den Verbrauch auf dem Boden zu berechnen, greifen wir auf eine Statistik des Verbandes der deutschen Fruchtsaftindustrie zurück: Demnach trinkt jeder Deutsche im Schnitt 0,97 Liter Gemüsesaft pro Jahr. Gehen wir davon aus, dass die Hälfte davon Tomatensaft ist, dann werden insgesamt etwa 40 Millionen Liter T-Saft getrunken. Also beträgt der Anteil in der Luft drei Prozent. Das ist sehr viel, wenn man bedenkt, wie wenig Zeit der Durchschnittsdeutsche im Flugzeug verbringt. Beim Orangensaft beträgt der «Luftanteil», auf dieselbe Weise errechnet, nur etwa 0,4 Prozent!

Warum in der Luft so viel Tomatensaft getrunken wird, darüber können auch die Hersteller nur mutmaßen. Eine mögliche Erklärung: Im Flugzeug haben viele Leute ein flaues Gefühl im Magen, da greift man statt zum kalten, sauren Apfel- oder Orangensaft lieber zu dem bekömmlicheren Getränk. Die Fluggesellschaften berichten aber auch, dass das Verlangen nach dem roten Saft offenbar ansteckend ist – wenn einer mit Tomate anfängt, geht das wie eine Welle durch die ganze Kabine.

Bei hohen Temperaturen soll man lieber warme Getränke zu sich nehmen als kalte

Stimmt. Die Hauptfunktion des Trinkens bei heißem Wetter ist der Ausgleich des Flüssigkeitsverlusts und nicht die Kühlung. Die ist schon allein rechnerisch wenig bedeutsam: Selbst ein ganzer Liter kaltes Wasser bewirkt, auf den ganzen Körper gerechnet, nur eine Kühlung von einem halben Grad. Außerdem können eiskalte Getränke den Magen schocken und zu Beschwerden führen.

Ein viel besseres Mittel zur Temperaturregulierung ist das Schwitzen. Um diese Verdunstungskühlmaschine zu stimulieren, ist die aus Ländern mit heißem Klima bekannte Gewohnheit, warme (nicht heiße!) Getränke in stetigen, aber kleinen Schlucken zu trinken, ein durchaus sinnvolles Mittel: Die Temperaturfühler im Körperinnern bekommen ein zusätzliches Hitzesignal, und das führt zu einem ständigen leichten Schwitzen, aber nicht zu sturzbachartigen Schweißausbrüchen.

Erwachsene sollten an heißen Tagen mindestens 1,5 bis 2 Liter trinken, bei starkem Schwitzen entsprechend mehr. Und dabei sollte man möglichst auf zu viel Zucker, Koffein und Alkohol in den Getränken verzichten.

Übriggebliebene Schokoladennikoläuse werden durch neue Verpackung oder durch Umschmelzen zu Osterhasen und umgekehrt

Stimmt nicht. Niemand muss befürchten, dass sich im frischen Schoko-Osterhasen ein alter Nikolaus verbirgt. Jedenfalls weisen die Schokoladenhersteller solche Unterstellungen weit von sich. Hans Imhoff, Chef der Firma Stollwerck, schreibt uns, dass «in einer gut geführten Schokoladenfabrik keine Saisonartikel übrigbleiben». Der Handel müsse sehen, wie er die Ware loswerde. Das sehe man an den Sonderangeboten nach den Festtagen, außerdem werde viel Restschokolade an Wohlfahrtsorganisationen gespendet.

Bernd Schartmann von Lindt & Sprüngli bestätigt, dass eine Rücknahme «allein schon aus rechtlichen Gründen» ausscheidet. «Zudem ist leicht vorstellbar, dass unser Anspruch an Warenfrische ein solches Vorgehen nicht vertretbar macht.»

Dass es noch einen anderen Absatzweg für alte Schokofiguren gibt (und dass Warenfrische international offenbar mit zweierlei Maß gemessen wird), erfuhr ich durch eine Zuschrift einer Leserin aus Istanbul: «Im Dezember waren wir sehr betrübt, als wir in den Istanbuler Geschäften nur in seltenen Einzelfällen Schokoladennikoläuse vorfanden. Wie groß war jedoch unsere Freude, als ab Mitte Januar im Lebensmittelhandel plötzlich allerorten ganze Heer- bzw. Himmelsscharen von Schokonikoläusen, Knickebeinkugeln und Dominosteinen auftauchten.»

Zur Legende vom Umverpacken: Es gibt tatsächlich «multifunktionale» Schokoformen, die, je nach Umwicklung, als Hase wie als Nikolaus verwendbar sind. Dabei geht es jedoch nicht um die Resteverwertung – das Aus- und Wiedereinpacken wäre viel zu aufwendig. Die Hersteller sparen lediglich Kosten dadurch, dass sie nur eine Gussform brauchen, mit der sie Naschwerk für jede Jahreszeit herstellen können.

Schokolade enthält Rinder- oder Schweineblut

Stimmt nicht. Jedenfalls versichern das unisono die Schokoladenhersteller. Reinhard Matissek vom Lebensmittelchemischen Institut des Bundesverbandes der deutschen Süßwarenindustrie stellt klar: «Für die deutschen Süßwarenunternehmen ist es absolut unvorstellbar, bei der Herstellung ihrer Produkte Tierblut zu verwenden.» Das gelte übrigens per EU-Richtlinie europaweit. Ich sehe keinen vernünftigen Grund, dem Verband nicht zu glauben, auch wenn einige Leser mich im Bund mit der bösen Schokoladenmafia sehen, an deren Händen Blut klebe.

Auf zwei mutmaßliche Hintergründe des unappetitlichen Gerüchts weist Bernd Schartmann von der Schokofirma Lindt & Sprüngli hin: Es gab in der DDR einmal ein Forschungsprojekt, bei dem es darum ging, der Schokolade durch getrocknetes Blut eine kräftigere Farbe zu geben. Ob das jemals umgesetzt wurde, ist nicht bekannt – jedenfalls braucht heute niemand mehr davor Angst zu haben.

Die zweite mögliche Quelle: Ein Tüftler aus Düsseldorf hat einmal einen Patentantrag für ein Verfahren gestellt, mit dem man den Eiweißgehalt von Lebensmitteln durch den Zusatz von Blut erhöhen könnte. Das Patent wurde jedoch nie erteilt. Reinhard Matissek: «Derartige Rezepturen werden von Außenseitern erfunden und propagiert.»

Und Bernd Schartmann versichert: Außer der Milch enthält Schokolade überhaupt keine tierischen Bestandteile – wenn man von ein bisschen Eierlikör in manchen Pralinen absieht.

Man sollte Tiefkühlkost nach dem Auftauen nicht wieder einfrieren

Stimmt nicht. Ein typisches Beispiel dafür, dass ein gut gemeinter und sinnvoller Ratschlag, wenn er zu wörtlich genommen wird, zu absurdem Verhalten führen kann. Wer ein aufgetautes Stück Fleisch lieber zwei Tage im Kühlschrank aufbewahrt, weil es durchs Wiedereinfrieren gesundheitsschädlich werden könnte, gefährdet sich sogar eher.

Die entsprechenden Hinweise, die man auf allen europäischen Tiefkühlpackungen findet, sind nur als Warnung gedacht – und sollen vielleicht auch die Hersteller vor Schadenersatzforderungen bewahren. Denn anders als beim Kochen werden beim Einfrieren die Mikroorganismen, Bakterien oder Salmonellen, in der Nahrung nicht getötet. Sie fallen bei minus 18 Grad nur in Kältestarre und können nach dem Auftauen ihr übles Werk weiter tun. Essen, das schon «Antauschäden» hat (so heißt das in der Fachsprache), wird also durchs Einfrieren nicht wieder genießbar. Außerdem macht das mehrfache Auf- und Abtauen die Nahrungsmittel weder ansehnlicher noch vitaminreicher. Deshalb ist es sinnvoll, nur so viel aufzutauen, wie man wirklich essen will.

Für den Fall, dass man dann doch etwas ein zweites Mal einfrieren will, gibt der AID-Verbraucherdienst ein plausibles Kriterium: «Das Wiedereinfrieren ist aus hygienischer Sicht immer dann möglich, wenn die Frage: ‹Könnte das Lebensmittel jetzt zubereitet und/oder verzehrt werden?› mit einem uneingeschränkten Ja beantwortet werden kann.»

Man soll Pilze und Spinat nicht aufwärmen, weil sie dadurch giftig werden

Stimmt nicht. Beginnen wir mit den Pilzen: Es gibt giftige und ungiftige, doch dafür, dass erst beim zweiten Erwärmen Giftstoffe entstehen, liegen keine Anhaltspunkte vor. Wenn dem so wäre, dürfte man keine Tiefkühlpizza mit Pilzen essen: Die sind vorher auch schon einmal gegart worden.

Den Hintergrund von Großmutters Pilzregel erläutert der «Lebensmittelführer» von Günther Vollmer: «Da Pilze sehr leicht verderblich sind, bestanden früher Bedenken, Reste von Pilzgerichten wieder aufzuwärmen. Bei Nutzung der heutigen Kühlmöglichkeiten im Haushalt stellt dies jedoch kein Problem mehr dar.»

Ein anderes Problem ergibt sich beim Spinat. Dort besteht tatsächlich die Möglichkeit, dass sich durch mehrmaliges Erwärmen oder langes Warmhalten Nitrat in Nitrit verwandelt und schließlich das Nitrit in giftige Nitrosamine, die vor allem für Kinder gefährlich werden können. Als ich in meiner *Zeit*-Kolumne das Aufwärmen von Spinat für unbedenklich erklärte, griffen einige Leserinnen und Leser empört zur Feder. Immerhin warnen sogar die Hersteller von Tiefkühlspinat auf den Packungen vorsorglich vor dem Aufwärmen. Deshalb habe ich noch einmal wissenschaftlichen Rat eingeholt. Olaf Grüß, Lebensmitteltechnologe an der Universität Bonn, schrieb mir dazu:

«Es ist zwar richtig, dass sich durch erneutes Erwärmen von Spinat das enthaltene Nitrat zu Nitrit und weiter zu krebserregenden Nitrosaminen umwandelt, jedoch ist die Angst nur sehr bedingt gerechtfertigt. Sie rührt wahrscheinlich aus der guten alten Zeit, wo sonntags ein großer Topf mit Spinat gekocht wurde, der dann die gesamte Woche über vornehmlich von Kindern verzehrt wurde. Hierfür wurde der Spinat natürlich immer wieder aufgewärmt oder auch in einem durch warmgehalten, denn schließlich hat man ja mit dem Herd auch geheizt. Das Phänomen der Blausucht trat dann teilweise bei Kindern auf, woraus bis heute geschlossen wird, dass sich Spinat beim zweiten Aufwärmprozess ‹automatisch in Gift umwandelt›.

Das Problem der Nitrosamine ist sicherlich ein ernstes, aber doch bitte da, wo es wirklich offenbar ist, und nicht bei Gemüse. Eine gegrillte Wurst, Pökelwaren und Brot mit sehr dunkler Kruste sind Lebensmittel, bei denen das Problem eher offenkundig wird.»

Die grünen Teile von Tomaten und Kartoffeln sind giftig

Stimmt. Die grünen Stellen an der Tomatenfrucht enthalten ein giftiges Alkaloid, Solanin genannt. Aber man muss schon Unmengen davon verdrücken, damit die toxische Wirkung eintritt.

Solanine sind in Nachtschattengewächsen enthalten, die in Gestalt von Kartoffeln und Tomaten auf unserem Teller landen (der Stoff in der Tomate nennt sich auch Tomatin). Zu den Symptomen einer Solaninvergiftung gehören Kopfschmerzen, Brechreiz, Durchfall und Sehstörungen. Das Alkaloid in der Tomate ist recht robust und übersteht auch den Kochvorgang. Bei der Reifung geht es dagegen fast komplett verloren und wird unter anderem in den Farbstoff umgewandelt, der das Gemüse so schön rot macht.

Nun zur quantitativen Seite: Ab etwa 25 Milligramm ist der Verzehr von Solanin toxisch, ab 400 Milligramm tödlich, sagt die Deutsche Gesellschaft für Ernährung. Bei unreifen grünen Tomaten wurde ein Solaningehalt zwischen 9 und 32 Milligramm auf 100 Gramm gemessen. Nehmen wir einmal an, ein Zehntel jeder Tomate sei noch grün, dann müsste man zwischen 800 Gramm und 2,8 Kilogramm Tomaten essen, damit das Gift wirkt. Schneller würde man diese Dosis mit eingelegten grünen Tomaten erreichen.

Wenn man Kartoffeln kühl, trocken und dunkel lagert, ist der Solaningehalt meist zu vernachlässigen. Gefährlich kann es werden, wenn die Knolle sichtbare grüne Stellen hat. Die kann man aber großzügig wegschneiden. Nur wenn die Kartoffel ganz grün ist, gehört sie in den Müll.

Eier, die man nach dem Kochen abschreckt, lassen sich besser pellen

Stimmt nicht. Die Schälbarkeit des Eis hat nichts mit dem Abschrecken zu tun. Ich habe wieder einmal einen wissenschaftlich völlig unzureichenden Selbstversuch gemacht: zwei Eier aus derselben Packung fünf Minuten gekocht, eines von beiden abgeschreckt – und beide ließen sich gleich gut pellen.

Die wissenschaftliche Begründung liefert Johannes Petersen von der Universität Bochum: Die Schälbarkeit des Eis hängt vom pH-Wert des Eiklars ab. Und der steigt nach dem Legen dadurch, dass Kohlendioxid aus dem Ei entweicht, von etwa 7 auf 9. Wenn das Ei ganz frisch ist, «pellt man sich tot», sagt Petersen – mit und ohne Abschrecken. Wer also die Herstellung eines größeren Eiersalates plane, der solle die Eier im Kühlschrank etwa vier Tage lagern.

Das Einzige, was das Abschrecken bewirkt: Es stoppt den Garvorgang des Eis schneller, als wenn man es abkühlen lässt. Wer sein weiches Ei also präzise «auf den Punkt» kochen will, der sollte es abschrecken.

Muscheln sollte man nur in Monaten mit «r» verzehren

Stimmt. Nach Auskunft von Friedrich Buchholz von der Biologischen Anstalt Helgoland gibt es mehrere Gründe, warum man in den Monaten Mai bis August (das sind genau die ohne «r») nicht unbedingt frische Muscheln essen sollte. Kaum noch gültig ist das Argument der Haltbarkeit: Während früher die Muscheln in den warmem Sommermonaten leicht verdarben, kann das bei der heutigen Kühltechnik kaum noch vorkommen.

Der Hauptgrund ist ein geschmacklicher: Die Tiere laichen im Mai, und danach fehlen ihnen erstens die Geschlechtszellen (was sich offenbar auf den Geschmack auswirkt), und außerdem sind sie sowieso ziemlich abgemagert – die Fortpflanzung fordert ihren Tribut. «Die sind ausgepowert», formuliert es Professor Buchholz.

Der zweite Grund ist ein ökologischer: Muscheln sind lebendige Filter. Bis zu 50 Liter Wasser saugt eine Miesmuschel pro Stunde durch sich durch, in drei Wochen wird das gesamte Wattenmeer einmal von Muscheln gefiltert. Da bleiben natürlich auch Schadstoffe zurück – nicht nur die vom Menschen eingebrachten, also zum Beispiel Schwermetalle, sondern auch natürliche, etwa in Algen enthaltene Giftstoffe. Und die Algen blühen in den Sommermonaten besonders stark. Das geht ebenfalls auf den Geschmack, und außerdem ist es nicht gerade gesund.

Trotzdem braucht man kaum Angst vor einer Muschelvergiftung zu haben. In den Sommermonaten werden ohnehin kaum Muscheln «geerntet», und das Muschelfleisch gehört zu den am besten überwachten und kontrollierten Lebensmitteln.

In Brötchen befand sich früher ein Zusatz, der aus den Haaren von Chinesen gewonnen wurde

Stimmt. Es klingt unglaublich, aber bis vor einigen Jahren musste der deutsche Verbraucher tatsächlich befürchten, dass sein knuspriges Frühstücksbrötchen Stoffe enthielt, die aus asiatischem Menschenhaar gewonnen wurden (wenn auch nicht, wie eine Boulevardzeitung das einmal überhöhte, aus den «Schamhaaren thailändischer Prostituierter»). Genauer gesagt, geht es um das so genannte Cystein, eine Aminosäure, die den Teig geschmeidiger macht – es hat also nichts mit dem Aroma zu tun, wie manchmal behauptet wird. Cystein kann man aus Tier- und Menschenhaaren gewinnen, und die Importhaare aus Indien oder China waren eben billiger als heimische Ware. Auf 100 Kilogramm Mehl gibt man etwa ein Gramm der Substanz.

Chemisch ist dagegen nichts einzuwenden. Cystein kann man auf natürliche und synthetische Weise herstellen, es ist immer der gleiche Stoff. Aber unappetitlich klingt es schon – man will ja auch kein Wasser trinken, das aus Urin destilliert wurde, auch wenn es chemisch rein ist (um ein drastisches Beispiel zu nennen). Als die Sache mit den Haaren bekannt wurde, verpflichteten sich daher die deutschen Backmittelhersteller, auf den Import von Menschenhaar zu verzichten.

Ganz sicher können die europäischen Brot-, Brötchen- und Keksesser seit dem 1. April 2001 sein. Da trat nämlich eine EU-Richtlinie in Kraft, in der es zum Cystein ausdrücklich heißt: «Menschliches Haar darf nicht als Ausgangsmaterial für diese Substanz verwendet werden.» Jetzt kann die Backzutat allenfalls noch aus Schweineborsten stammen.

Schimmel auf Brot ist krebserregend, der Schimmel auf Käse nicht

Stimmt nicht. Unschädlich ist bei Käse nur der «Edelschimmel», den man auf Camembert, Roquefort oder Gorgonzola findet. Den kann man tatsächlich ohne Bedenken essen, auch wenn er die Schnittfläche des Käses überwuchert. Bei jeder Art von «wildem» Schimmel aber ist der Verzehr bedenklich. Schimmelpilze wie der grünlich flauschige Aspargillus flavus können Gifte absondern (in diesem Fall das Aflatoxin), die zu den schlimmsten krebserregenden Substanzen gehören.

Generell gilt: Je mehr Wasser das Lebensmittel enthält, umso schneller verbreitet sich der Schimmel darin, auch wenn man ihn mit dem Auge noch gar nicht erkennen kann. Er bildet ein unsichtbares Geflecht, das sehr tief reichen kann. Tomaten und Obst soll man deshalb schon bei kleinen Schimmelspuren wegwerfen. Auch für befallenen Saft gilt: nicht nur die «Schimmelinseln» abfischen – ab in den Ausguss damit. Brot ist grenzwertig: Schnittbrot sollte auf jeden Fall in den Müll, bei ganzen Brotlaiben kann man eventuell einen kleinen Schimmelfleck großzügig herausschneiden, ebenso wie bei Hartkäse.

Ein Schimmelstopper ist Zucker. Deshalb geben die Ernährungswissenschaftler übereinstimmend den Rat, dass man Marmelade, die einen Zuckeranteil von mindestens 50 Prozent hat, nach (wiederum großzügiger) Entfernung des Schimmels weiter verzehren kann – Diätmarmelade dagegen nicht.

Man kann Eisenmangel vorbeugen, indem man Äpfel isst, die man zuvor mit Nägeln gespickt hat

Stimmt grundsätzlich. Denn ganz abwegig ist dieses alte Hausmittel nicht, sagt Hans-Heinrich Jörgensen, ein Ernährungsberater, der sich mit Spurenelementen auskennt. Was dabei wirkt, ist aber nicht eventueller Rost, der sich auf den Nägeln gebildet hat. Rost ist oxidiertes Eisen. Die braunen Flecken, die sich im nagelgespickten Apfel bilden, bestehen dagegen aus Eisenmalat, einem zweiwertigen Salz. In dieser Form wird das Eisen vom Körper gut aufgenommen, besonders im Zusammenwirken mit Vitamin C. Just solche Eisenverbindungen sind auch in den Präparaten enthalten, die man als Nahrungsergänzungsmittel kaufen kann.

Die Eisenmenge, die man sich so zuführt, lässt sich jedoch kaum kontrollieren, deshalb raten die Fachleute von dieser Art der Selbsttherapie ab. Denn in zu hoher Dosierung ist das lebenswichtige Metall durchaus schädlich.

Überhaupt leidet heute kaum jemand unter Eisenmangel. Etwa ein Milligramm des Metalls verlieren wir täglich, und zu seinem Ersatz müssen wir etwa 10 Milligramm zu uns nehmen. Dazu brauchen wir eigentlich keine Eisenpräparate, das beste Mittel gegen Eisenmangel ist eine ausgewogene Ernährung, betont Sven-David Müller von der Gesellschaft für Ernährungsmedizin und Diätetik. Die am besten verwertbaren Eisenverbindungen stecken im Fleisch. Vegetarier decken ihren Eisenbedarf durch Pilze und Vollkornprodukte.

Wer die Apfel-Nagel-Therapie unbedingt ausprobieren will, für den hat Hans-Heinrich Jörgensen einen wichtigen Tipp: «Die Nägel vor dem Essen herausziehen!»

Wenn man Äpfel und Orangen zusammen in einer Obstschale aufbewahrt, werden sie schneller schlecht

Stimmt. So schön ein mit vielen unterschiedlichen Früchten gefüllter Obstkorb ist – vom sachlichen Standpunkt der Haltbarkeit her gesehen, ist er ein sicheres Mittel, Obst schnell verderben zu lassen. Es ist zu hell und zu warm, die hiesigen Obstsorten lagert man am besten im Kühlschrank. Südfrüchte vertragen ein paar Grad mehr, die halten sich am besten bei Temperaturen um 15 Grad im dunklen Keller.

Hinzu kommt noch, dass sich die Früchte gegenseitig beim Reifungsprozess beeinflussen. Reifende Äpfel, Birnen, Tomaten und Bananen sondern nämlich das Gas Ethylen ab, das als Pflanzenhormon wirkt und vielen Früchten das Signal gibt, vom grünen in den süßen und leider bald auch in den braunen Zustand überzugehen. Manchmal setzt man das auch gezielt ein: Bananen etwa werden als grüne Früchte über den Ozean transportiert und nach ihrer Ankunft mit Ethylen begast, damit man sie möglichst bald verkaufen kann. Zu Hause kann man den Effekt nutzen, wenn grüne Bananen oder auch eine harte Avocado schneller genießbar werden sollen.

Äpfel dünsten am meisten Ethylen aus, zehnmal so viel wie Bananen. Deshalb sind sie regelrechte Killer für andere Obstsorten. Und nicht nur für Obst – sogar Schnittblumen altern in der Gegenwart von Äpfeln schneller, und Kartoffeln beginnen zu keimen. Eine hübsche Obstschale sollte also nur auf dem Tisch haben, wer die Früchte innerhalb der nächsten Tage essen will.

Erdbeeraroma wird aus Sägespänen hergestellt

Stimmt nicht. Auf die Idee, Aromen künstlich herzustellen, kommen die Lebensmittelfirmen aus zwei Gründen: Erstens gibt es nicht genügend Erdbeeren, um alle Erdbeerjoghurts der Welt mit ausreichend Aroma zu versorgen. Und zweitens sind künstlich hergestellte Aromen viel billiger als die originalen.

Trotzdem – das mit dem Erdbeeraroma aus Sägespänen ist ein hartnäckiges, aber falsches Gerücht, das einmal von einem großen deutschen Nachrichtenmagazin in die Welt gesetzt wurde.

Den mageren wahren Kern erläutert Kirsten Hesse von dem Aromenhersteller Symrise in Holzminden: Der typische Erdbeergeschmack ist ein komplexes Gemisch vieler Aromen, eines davon ist Vanillin. Und Vanillin lässt sich durch zwei einfache chemische Schritte aus Lignin herstellen, das in Holz enthalten ist. Früher wurde Vanillin tatsächlich aus Holz gewonnen, heute stellt man es mit anderen Verfahren her, die nicht unbedingt appetitlicher sind: etwa aus Sulfit-Abfällen, die bei der Papierproduktion übrig bleiben.

Für den Verbraucher ist es schwer zu beurteilen, welche Stoffe seine Sinne täuschen. Das Prädikat «natürliches Erdbeeraroma» bedeutet nämlich lediglich, dass das Aroma durch physikalische und chemische Prozesse aus Material gewonnen wird, «das nachweislich vom Menschen verzehrt wird». Das müssen nicht zwingend Erdbeeren sein. Aromen aus Sägespänen dürften sich allenfalls «naturidentischer Aromastoff» nennen. Woraus das Erdbeeraroma nun wirklich besteht, verrät der Hersteller nicht.

Man soll Fleisch heiß anbraten, damit sich die Poren schließen

Stimmt nicht. Das ist eine alte Küchenlegende, die gern in der Werbung für Bratfett verbreitet wird und ihren Weg auch in viele Kochbücher gefunden hat.

Aber erstens hat Fleisch keine «Poren», wie Wolfgang Lutz vom Institut für Fleischforschung bestätigt, es gibt also keine Löcher, die es zu schließen gälte. Fleisch besteht aus Muskelzellen. Beim Anbraten werden die Oberflächenproteine der äußeren Zellen karamellisiert, diese so genannte Maillard-Reaktion sorgt für die wohlschmeckende Kruste. Es gibt aber keinerlei Anzeichen dafür, dass diese Kruste wasserdicht ist und irgendwelche Säfte am Austreten hindern kann.

Hervé This-Benckhard, Autor des populärwissenschaftlichen Buchs «Rätsel der Kochkunst», führt ein paar simple Indizien dagegen an: Der Fond, der sich in der Pfanne sammelt, ist nichts weiter als eingedampfter Fleischsaft. Und wenn man ein gebratenes Steak auf den Teller legt, sammelt sich sofort eine kleine Saftlache.

Auch der Amerikaner Harold McGee hat in seinem Buch «On Food and Cooking» die weit verbreitete Porenlegende widerlegt. Die Experten raten im Gegenteil zum Garen bei niedrigen Temperaturen, wenn das Fleisch saftig bleiben soll. Der einzige Vorteil des scharfen Anbratens liegt in der kurzen Garzeit – der Saft hat dann nicht genügend Zeit, das Fleisch zu verlassen.

Und zwei Sachen sollte man beim Braten unbedingt unterlassen: erstens, das Fleisch anzustechen – so schafft man erst die legendären Poren. Und man sollte es vorher nicht salzen, denn so zieht man durch Osmose die Flüssigkeit aus dem Steak.

Man soll mit Olivenöl nicht braten

Stimmt nicht. Dem Olivenöl wird nachgesagt, es sei nicht hitzestabil, sodass beim Braten schädliche Stoffe entstünden. Aber dieses Vorurteil ist wohl vor allem in Deutschland und Frankreich verbreitet. Die Menschen in Italien oder Griechenland würden sich darüber wundern, denn bei ihnen ist Olivenöl sozusagen als Universalfett im Einsatz – auch beim Braten und sogar beim Frittieren.

Natives, kaltgepresstes Olivenöl verträgt ohne weiteres Temperaturen bis 180 Grad, und heißer sollte die Pfanne beim Braten ohnehin nicht werden. Die einfach ungesättigten Fettsäuren bleiben dabei ziemlich stabil, allenfalls leicht flüchtige Aromastoffe verdampfen durch die Hitze.

Noch höher kann man raffiniertes Olivenöl erhitzen. Das hat schon beim Raffinationsprozess ein extremes Hitzebad hinter sich, und es hält Temperaturen bis 210 Grad aus – damit ist es hitzebeständiger als Soja- und Maiskeimöl und durchaus für die Fritteuse geeignet, wenn man denn das typische Olivenaroma im Frittiergut schätzt. Manchmal wird die Legende verbreitet, Inhaltsstoffe wie das grüne Chlorophyll würden bei der Zersetzung giftige Stoffe erzeugen, aber dafür gibt es keine wissenschaftliche Grundlage. Generell gilt für Olivenöl wie für alle anderen Öle: Wenn's anfängt zu rauchen, ist das Fett zu heiß.

Eine andere Frage ist natürlich, ob man sündhaft teures «Extra Vergine»-Öl in der Pfanne vergeuden sollte. Solches Luxusöl nimmt man vielleicht doch besser für den Salat, wo es sein volles Aroma entfalten kann, und brät mit einem preiswerteren Massenprodukt.

Lachs war früher ein «Arme-Leute-Essen»

Stimmt nicht. Festgemacht wird diese «Tatsache» an der Behauptung, Lachs sei bis zum Ende des 19. Jahrhunderts ein «Brotfisch» gewesen, so häufig und billig, dass Dienstboten es sich vertraglich zusichern ließen, nur zwei- oder dreimal in der Woche Lachs essen zu müssen. Die Geschichte mit den Verträgen der Dienstboten spielt mal in Hamburg, mal in Frankfurt oder in Lettland. Oft wird sogar behauptet, dass es eine gesetzliche Bestimmung gegeben habe, nach der die Herrschaften ihren Bediensteten nicht ständig Lachs vorsetzen durften. Eine Quelle wird freilich nie angegeben – ein typisches Indiz dafür, dass es sich wohl um eine Legende handelt. Zu dem Ergebnis kam auch ein Baseler Archivar, der sich vergeblich auf die Suche nach einem historischen Beleg machte.

Der Historiker Klaus Schwarz ist der Legende in Bremen nachgegangen. In seinem Artikel «Der Weserlachs und die Bremischen Dienstboten», veröffentlicht im *Bremischen Jahrbuch* 1995/96, kommt er nicht nur zu dem Ergebnis, dass die Geschichte mit den Dienstboten Unfug ist, er hat auch die historischen Nahrungsmittelpreise recherchiert. Sein Fazit: Zu allen Zeiten war der Lachs sehr teuer, er kostete stets ein Vielfaches von Rind- oder Schweinefleisch.

Allerdings wurde früher viel Lachs in den deutschen Binnengewässern gefangen. Lachse sind Wanderfische, die ihre Jugend in Flüssen verbringen, dann ins Meer schwimmen, wo sie sich ordentlich dick fressen, um dann zum Laichen an den Ort ihrer Geburt zurückzukehren. Um 1900 wurden allein aus dem Rhein jährlich 85 000 Tonnen Lachs gefischt. 50 Jahre später war der Fisch praktisch aus allen deutschen Binnengewässern verschwunden – Lachse reagieren sehr empfindlich auf eine schlechte Wasserqualität. Fortan mussten die Fische erheblich aufwendiger aus dem Meer gefischt werden. Inzwischen stammen die meisten Lachse, die wir essen, aus großen Fischfarmen im Meer und sind wieder für jedermann erschwinglich.

Seit einigen Jahren wird der Lachs erfolgreich im Rhein wieder angesiedelt. Von den ausgesetzten Jungfischen sind schon einige Tausend aus dem Ozean zurückgekehrt. Aber die Zeiten des Lachsfangs in deutschen Flüssen sind wohl unwiederbringlich vorbei.

Die rote Farbe im Campari entsteht durch gemahlene Läuse

Stimmt. Der rote Farbstoff heißt Karmin und er wird tatsächlich aus Schildläusen der Art *Dactylopius cacti* gewonnen, bekannt unter dem Namen Cochenillelaus. Die weiblichen Tierchen werden auf Kakteen ausgesetzt, deren Saft sie schlürfen. Bei der «Ernte» werden sie eingesammelt, getötet und in der Sonne getrocknet. Aus den gemahlenen Läusen wird schließlich der rote Farbstoff extrahiert. Streng genommen müssten Vegetarier sich jetzt überlegen, ob sie den roten Likör noch trinken wollen: Prost!

Die Firma Campari bezieht ihr Läusepulver von den Kanarischen Inseln, insbesondere von Lanzarote. Dort stammen die Tiere aber ursprünglich nicht her – sie wurden aus Mexiko auf die Inselgruppe im Atlantik importiert. Karmin, das als Lebensmittelfarbstoff das Kürzel E 120 hat, wird ansonsten vor allem für Lippenstifte verwendet.

Ein gutes Pils braucht sieben Minuten

Stimmt nicht. «Wer sein Bier sieben Minuten lang zapft, der serviert den Gästen ein schlaffes Getränk, das müde auf der Zunge liegt», sagt Erich Dederichs vom Deutschen Brauer-Bund. Ich zitiere aus seinem Aufsatz «Die Legende vom Sieben-Minuten-Pils»: «Während der Gast mit lechzender Zunge darauf wartet, dass sein Bier nun endlich kommt, entdeckt er, dass hinter dem Tresen auch noch mehrere halb gefüllte Gläser stehen. Irgendwie sehen sie halb fertig aus, weil kaum noch Schaum vorhanden ist. Und diese Gläser füllt der Wirt dann auch noch mit frischem Bier auf. Den Gast graust es, wenn er daran denkt, wie warm das Bier inzwischen geworden ist und dass die Kohlensäure inzwischen überall sein dürfte, nur nicht mehr in diesem Glas. Den meisten dürfte der Durst inzwischen vergangen sein, mit Recht.»

In die gleiche Kerbe schlägt auch Annette Heinemann, Pressesprecherin des Deutschen Hotel- und Gaststättenverbandes: Die Sieben-Minuten-Regel sei auf die früher üblichen Zapfanlagen zurückzuführen. «Heutzutage gibt es fast ausschließlich komfortable Kegs (Edelstahlfässer) und drei gängige Zapfhähne, den Kükenhahn, den Kolbenhahn und den Kompensatorhahn», erklärt Frau Heinemann. «Diese Hähne in Kombination mit einer heute üblichen Zapfanlage ermöglichen ein schnelles Zapfen des Bieres.»

Und so beschreibt Erich Dederichs den formvollendeten Zapfvorgang: «Das Glas wird schräg gehalten und aus dem Zapfhahn läuft das Bier langsam am Rand des frisch gespülten kalten Glases herunter, bis das Glas halb voll ist. Eine Minute lang bleibt das Bierglas jetzt stehen. Anschließend wird nachgezapft, aber ohne den Zapfhahn ins Bier einzutauchen, denn sonst wird Luft ins Bier gedrückt und die Kohlensäure geht verloren. Und dann folgt die ‹Krönung›: Nach etwa einer weiteren Minute wird mit einer halben Öffnung des Zapfhahnes die Schaumkrone aufgesetzt. Das Ergebnis: ein Glas mit einem frischen, spritzigen Pils mit grobporigem, festem Schaum, das man zehn bis fünfzehn Minuten trinken kann, ohne dass das Prickeln verloren geht.» Bei dieser Schilderung läuft einem glatt das Wasser im Mund zusammen. Und wer mitgerechnet hat, weiß jetzt: Ein gutes Pils ist heutzutage in knapp drei Minuten servierfertig. «Wenn Ihr Gastwirt das nicht kann oder will», schimpft Dederichs, «dann gibt es nur einen Tipp: Wechseln Sie die Gaststätte!»

Von Wodka bekommt man keine «Fahne»

Stimmt. Die «Alkoholfahne», die man nach mancher durchzechten Nacht hat, besteht nur zum Teil aus Alkohol. Und dessen Geruch wird auch gar nicht unbedingt als unangenehm empfunden. Hans-Joachim Pieper, emeritierter Gärungstechnologe von der Universität Hohenheim, erzählt, dass viele Menschen erstaunt sind, wenn sie zum ersten Mal an reinem Ethylalkohol schnuppern. «Der riecht richtig angenehm, manche denken sogar, dass da Zucker drin ist.» Es sind andere Stoffe, die jedem alkoholischen Getränk sein charakteristisches Aroma geben – und deren Abbauprodukte auch für die weniger angenehmen Noten im Atem sorgen. Dabei geht es vor allem um Fuselöle (so heißen höherwertige Alkohole tatsächlich) oder gar schwefelhaltige Komponenten, die richtig faulig riechen können.

Pieper berichtet von persönlichen Erfahrungen mit Rum: «Da hat man eine irre Fahne, die mehrere Tage halten kann.» Die «Fahne» ist umso weniger unangenehm, je reiner das konsumierte Getränk ist. Im Idealfall sollte es nur aus Wasser und Ethylalkohol bestehen. Und Wodka ist der Schnaps, der diesem Ideal am nächsten kommt. Auch der Korn ist ein ziemlich «sauberes» Getränk. Aber selbstverständlich verrät auch der Atem eines Wodkatrinkers dessen Alkoholkonsum. Der Polizist bei der Alkoholkontrolle mag weniger angewidert sein von seinem Gegenüber – das Pusteröhrchen misst aber denselben Wert.

Man kann sich potenzielle Partner «schön trinken»

Stimmt. Mit dem nicht sehr schmeichelhaften Ausdruck «sich jemanden schön trinken» bezeichnet man das Phänomen, dass man ein Gegenüber des anderen Geschlechts umso attraktiver findet, je mehr Alkohol man getrunken hat. Das kennt man aus Stammtischerzählungen, aber tatsächlich hat sich auch die Wissenschaft diesem Phänomen gewidmet – Barry T. Jones und seine Kollegen vom psychologischen Institut der Universität Glasgow veröffentlichten 2003 eine entsprechende Studie in der Zeitschrift *Addiction*. Je 40 nüchterne und angetrunkene Studenten beiderlei Geschlechts sollten die Attraktivität von 118 Gesichtern beurteilen, halb Männlein, halb Weiblein. Über den eigentlichen Zweck des Tests ließen die Forscher ihre Probanden im Unklaren, angeblich ging es um irgendeine Art von Marktforschung.

Als Referenz mussten die Studenten zunächst die «Attraktivität» von 114 Armbanduhren beurteilen. Tatsächlich fanden die Angetrunkenen die Uhren im Durchschnitt ein bisschen schöner als die Nüchternen. Das war jedoch nichts im Vergleich zu der anschließenden Bewertung der menschlichen Gesichter: Den alkoholisierten Studentinnen und Studenten erschienen die Porträts des anderen Geschlechts glatt um ein Viertel attraktiver als den nüchternen. Wer also kein böses Erwachen erleben will, sollte vielleicht seine Wahl treffen, bevor er anfängt zu trinken.

Beim Kochen benutzter Alkohol verdampft vollständig

Stimmt nicht. Alkohol ist eine beliebte Zutat in der Küche – sei es das Käsefondue mit Weißwein und Kirschwasser, sei es das Coq au Vin oder auch der Pudding mit Amaretto.

Der Alkohol dient ja nur dem Geschmack, sagen sich Hausfrau und -mann, der «verkocht» im Handumdrehen. Aber schon ein Besuch auf dem Weihnachtsmarkt müsste sie eigentlich eines Besseren belehren. Dort steht der Glühwein oft stundenlang auf der Heizplatte, und trotzdem enthält er noch eine Menge «Umdrehungen» und nicht nur Wasser, Nelken und Zimt. Offenbar verträgt Alkohol doch einiges an Hitze, auch wenn sein Siedepunkt niedriger ist als der von Wasser.

Wie viele Prozente bleiben, haben Forscher von der University of Idaho im amerikanischen Städtchen Moscow im Auftrag des US-Landwirtschaftsministeriums erkundet. Wenn eine kochende Soße oder Suppe mit Wein oder Schnaps veredelt und dann vom Herd genommen wurde, waren 85 Prozent des Alkohols beim Servieren noch vorhanden. Je länger die Flüssigkeit kochte, umso geringer war der Wert. Nach einer halben Stunde waren es noch 35 Prozent, und selbst eine Mahlzeit, die im Ofen oder auf dem Herd zweieinhalb Stunden vor sich hin köchelte, enthielt noch fünf Prozent der ursprünglichen Alkoholmenge.

Also Vorsicht mit dem Alkohol, wenn man Gäste hat: Sind Kinder darunter, religiös motivierte Abstinenzler oder trockene Alkoholiker? Dann sollte man vielleicht auf den guten Schuss verzichten.

Alkoholfreies Bier enthält Alkohol

Stimmt. Jedenfalls für fast alle Marken. Es gibt alkoholfreie Biere, die tatsächlich überhaupt keinen Alkohol enthalten, aber in den meisten ist ein kleines bisschen drin. Beim Marktführer («Nicht immer, aber immer öfter») sind es 0,35 Prozent. Der Gesetzgeber hat festgelegt: Bier mit weniger als 0,5 Prozent Alkohol darf sich «alkoholfrei» nennen. Dieser Alkoholgehalt ist vergleichbar mit dem von Fruchtsaft und Malzbier.

Hat dieser Restalkohol eine physiologische Wirkung im Körper? Die Experten sagen: nein. Man müsste nicht nur riesige Mengen trinken, um rechnerisch auf einen bedenklichen Wert zu kommen. Alkohol wird auch ganz routinemäßig von den Mikroorganismen in unserem Darm produziert. Die geringe Konzentration im alkoholfreien Bier ändert daran nicht viel. Selbst für Leberkranke geht von dem Getränk keine Gefahr aus.

«Trockenen» Alkoholikern raten die Brauer indes von alkoholfreiem Bier ab. Aber das hat vor allem psychologische Gründe. Gemäß dem Werbeslogan «Alles, was ein Bier braucht» sei das Trinkerlebnis zu nahe an «richtigem» Bier, sodass die Gefahr eines Rückfalls bestehe.

Recht, Gesetz, Verbrechen

Es gab im US-Staat Indiana einmal einen Gesetzentwurf, der den Wert von π auf 3,2 festsetzen sollte

Stimmt. Und um ein Haar wäre der Entwurf im Jahre 1897 sogar geltendes Recht geworden – allein der Umstand, dass der Staat Indiana ein Zweikammerparlament hat, konnte seine Verabschiedung verhindern.

Das abenteuerliche Unterfangen ging zurück auf den Hobby-Mathematiker Edwin J. Goodwin aus dem Landkreis Posey County. Goodwin glaubte, eine Lösung für ein uraltes mathematisches Problem gefunden zu haben: die Quadratur des Kreises – ein Ding der Unmöglichkeit, wie jeder studierte Mathematiker weiß. Er wandte sich an seinen Wahlkreisabgeordneten Taylor I. Record und bot ihm einen Deal an: Wenn der Staat Indiana seine Entdeckung zum Gesetz mache, könne die neue Wahrheit fortan in den Schulen gelehrt werden, ohne dass der Staat für diese Errungenschaft Tantiemen an Goodwin zahlen müsse.

Ein faires Angebot, meinte der Abgeordnete Record, der offenbar wirklich glaubte, man könne für mathematische Entdeckungen Tantiemen kassieren, und brachte den Gesetzentwurf am 18. Januar ins Repräsentantenhaus ein. Der Text bestand aus drei Artikeln, in denen verschiedene mathematische Behauptungen als wahr festgeschrieben wurden. In Abschnitt 2 heißt es: «Das Verhältnis von Durchmesser und Umfang [eines Kreises] ist 5/4 zu 4.»

Da π das Verhältnis von Kreisumfang und Durchmesser ist, ergibt sich für die Kreiszahl der praktische Wert von 16/5 oder 3,2 (statt des unaufhörlichen 3,1415926536…, mit dem sich die Schüler noch heute herumplagen müssen).

Der Gesetzentwurf passierte ohne Beanstandung zwei Ausschüsse des Parlaments und wurde schließlich in dritter Lesung im Repräsentantenhaus mit 67:0 Stimmen angenommen.

Die Zeitungen berichteten sachlich über das neue Gesetz, nur das *Indianapolis Journal* fand, dies sei «das seltsamste Gesetz», das je vom Parlament beschlossen worden sei.

Der Zufall wollte es, dass sich am Tag des großen Ereignisses ein richtiger Mathematiker ins Repräsentantenhaus verirrte. C. A. Waldo, so sein Name, bekam gerade noch mit, wie die ahnungslosen Volksvertreter ihr einstimmiges Votum abgaben. Freundlich bot man dem Fachmann Waldo an, ihn dem Entdecker Goodwin vorzustellen.

Um in Kraft zu treten, hätte das Gesetz noch vom Senat, der zweiten Kammer des Parlaments, bestätigt werden müssen. Waldo, der auf die Bekanntschaft des π-Vaters dankend verzichtete («Ich kenne schon genug Verrückte»), versuchte, die Senatoren aufzuklären. Mit Erfolg. Das Oberhaus vertagte den Entwurf in der zweiten Lesung auf unbestimmte Zeit, dem Staat Indiana blieb einiger Spott erspart.

Überlassen wir den Schlusskommentar Allan Adler, der in der Internet-Newsgroup sci.math schrieb: «Bevor wir allzu laut über die Legislative von Indiana lachen oder über den Bildungsstand im Jahre 1897, sollten wir einen Moment innehalten und darüber nachsinnen, welches Schicksal dem Gesetzentwurf beschieden wäre, würde er heute zur Volksabstimmung gestellt.»

Die Deutschen sind Prozessweltmeister

Stimmt nicht. Trotz aller TV-Richter: Die Klagefreudigkeit der Deutschen ist eher mittelmäßig. Auf 100 000 Einwohner kamen im Jahr 2000 knapp 2300 Zivilprozesse. In England zum Beispiel sind es viel mehr, etwa 3600. Wenn man nach dem Weltmeister sucht, geraten natürlich sofort die USA ins Visier: Glaubt man doch zu wissen, dass dort jeder Verbraucher, der sein Kätzchen irrtümlich in der Mikrowelle grillt, sofort den Hersteller des Ofens verklagt. Und die vielen Anwälte – allein in West-Los Angeles sind es mehr als in ganz Japan – wollen ja auch beschäftigt sein. Und tatsächlich: Über 5200 Zivilverfahren kommen dort auf 100 000 Einwohner.

Und kaum glaubt der Autor, die Prozessweltmeister dingfest gemacht zu haben, fällt sein Blick auf das Statistische Jahrbuch Österreichs. Die Bewohner der Alpenrepublik haben einander im vorletzten Jahr mit 777 000 Prozessen überzogen – und das ergibt die stolze Zahl von 9600 Verfahren pro 100 000 Einwohner! Wer bietet mehr?

Wenn man in einem Lokal dreimal vergeblich versucht hat zu bezahlen, darf man gehen

Stimmt nicht. Schon weil die Behauptung, es dreimal versucht zu haben, viel zu unbestimmt ist – da könnte man ja schnell «Zahlen! Zahlen! Zahlen!» rufen und sich aus dem Staub machen.

Als Nichtjurist habe ich mir fachkundigen Rat geben lassen, in einem juristischen Internet-Forum, aber auch von Albrecht Zeuner, Juraprofessor an der Universität Hamburg. Demnach stellt sich die Rechtslage so dar: Sie haben mit dem Wirt einen Bewirtungsvertrag geschlossen, einen «typgemischten Vertrag» nach dem Bürgerlichen Gesetzbuch. Weiteres zitiere ich (mit einigen Kürzungen!) aus einem Beitrag, den ein gewisser Joa im Internet-Forum de.soc.recht.misc auf meine Frage hin geschrieben hat: «Wo der Gast zahlen muss, ergibt sich aus §§ 270 I, 270 II BGB, nämlich am Ort der Niederlassung des Gläubigers, also im Restaurant. Wann er zahlen muss, bestimmt sich nach § 271 BGB. Danach kann der Gläubiger die Leistung frühestens dann verlangen, wenn dies nach den Umständen anzunehmen ist. Im Speiserestaurant also nach Verzehr der Speisen, im Biergarten wohl schon unmittelbar nach Lieferung. Der Schuldner kann nach § 271 II BGB hingegen seine Leistung, also die Zahlung, schon vorher bewirken. Aus dem Recht des Schuldners, seine Leistung bewirken zu können, ergibt sich nach §§ 293, 294 BGB die Folge, dass der Gläubiger in Verzug gerät, wenn er die ihm angebotene Leistung nicht annimmt. Hiernach genügt es auf jeden Fall, wenn der Schuldner mehrmals ernsthaft bekundet, dass er leistungsbereit ist und zahlen will, um den Gläubiger in Verzug zu setzen. Macht der Gläubiger also keine Anstalten, die angebotene Leistung anzunehmen, spricht m. E. nichts dagegen, dass der Schuldner das Restaurant ohne zu bezahlen verlässt. Da allerdings der Gläubiger gewöhnlicherweise nicht weiß, wo sich der Schuldner befindet, ist zu verlangen, dass der Schuldner dem Gläubiger mitteilt, wo dieser seine Forderungen geltend machen kann, denn die nach § 270 I BGB bestehende Bringschuld des Schuldners bleibt auch im Annahmeverzug des Gläubigers bestehen.»

Ist das nicht schönes Juristendeutsch? Praktisch heißt das: Man darf zwar gehen, etwa wenn man sonst den Zug verpassen würde oder wenn man einen anderen wichtigen Termin hat. Einfach verschwinden aber geht nicht – man muss schon seine Zahlungswilligkeit unter Beweis stellen. Mein Vorschlag: am Tresen die Adresse hinterlegen und sich die Rechnung schicken lassen.

Man kann einen Menschen ohne Spuren umbringen, indem man ihm unbemerkt fein gemahlenes Glas ins Essen mischt

Stimmt nicht. «Wenn ich jemanden umbringen wollte», sagt der Rechtsmediziner Alfred Du Chesne von der Universität Münster, «dann würde ich mir etwas anderes überlegen.»

Vorab: Natürlich sind größere Glassplitter gefährlich, wenn man sie verschluckt. Sie können die Speiseröhre oder die Verdauungsorgane verletzen und zu inneren Blutungen führen, die unter Umständen tödlich enden. Die Rede ist hier aber von «fein gemahlenem Glas». Irgendwie hat sich die Legende verbreitet, dass dieses Glasmehl, über längere Zeit eingenommen, wie ein Gift wirkt und Menschen töten kann. Meist wird dann noch hinzugefügt, dass ein solcher heimtückischer Anschlag im Nachhinein nicht nachweisbar sei.

Glas hat aber keine solchen geheimnisvollen Wirkungen. In wirklich fein gemahlenem Zustand ist es völlig ungefährlich. Der amerikanische Arzt August A. Thomen berichtete schon im Jahr 1941, dass im Auftrag des US-Landwirtschaftsministeriums Fütterungsversuche mit Ratten durchgeführt worden seien. Das Ergebnis der damaligen Studien: Die Nager hätten sogar eine Diät mit grob gemahlenem Glas überlebt.

Generell kann man sagen: Was das Opfer beim Essen nicht bemerkt, das richtet auch keine inneren Schäden an. Und wenn einmal jemand tatsächlich scharfkantige Glassplitter verschluckt, dann sind sie nach Du Chesnes Worten auch im Inhalt von Magen oder Darm nachweisbar – also kein Rezept für einen «perfekten Mord».

Der Freistaat Bayern hat dem Grundgesetz niemals zugestimmt

Stimmt. Es war eine lange und tumultartige Sitzung, die der Bayerische Landtag am 19. und 20. Mai 1949 absolvierte. 15 Stunden lang wurde heiß debattiert, und dann folgte die Abstimmung: 63 Abgeordnete stimmten für das Grundgesetz, 101 dagegen. Die CSU begründete ihre Ablehnung damit, dass der Bund zu viel Macht gegenüber den Ländern besäße. Und man bemängelte eine ungenügende christliche Fundierung des neuen Staates. Der CSU-Abgeordnete Meixner sagte in der Debatte, die Verfassung sei «letztlich ein Werk des säkularisierten Geistes unseres Jahrhunderts». Das Protokoll verzeichnet an dieser Stelle «tumulthafte Zurufe» vonseiten der SPD-Fraktion, die laut ihrem Vorsitzenden Waldemar von Knoeringen «ja zu Bonn» sagte.

Allerdings war allen Abgeordneten klar, dass sie hier eigentlich eine Scheindebatte führten und ihr Votum wenig Folgen haben würde. Die notwendige Mehrheit von zwei Dritteln der Länder hatte dem Grundgesetz nämlich schon zugestimmt. Um deutlich zu machen, dass sich der Freistaat nicht etwa von der Bundesrepublik abspalten wollte, bekräftigte der Landtag in einer zweiten Abstimmung, dass die Verfassung auch für Bayern rechtsverbindlich sei. «Wenn die deutsche Bundesrepublik aufgrund der vorgeschriebenen Genehmigungen und Abstimmungen zustande kommt», sagte der Ministerpräsident Hans Ehard, «dann ist Bayern ein Teil dieses Bundesstaates, ob wir zum Grundgesetz ja oder nein sagen.»

Letztlich war die Abstimmung also das erste Beispiel für einen eher demonstrativen Eigensinn des Freistaats. Inzwischen lebt auch Bayern ganz gut mit dem Grundgesetz. Zugestimmt hat das Land allerdings tatsächlich nie – auch eine Petition an den Landtag, anlässlich des 50-jährigen Verfassungsjubiläums diese Zustimmung nachzuholen, verhallte 1999 ungehört.

Briefmarken sind ungültig, wenn ein Zacken fehlt

Stimmt nicht. Der Sammlerwert einer Briefmarke sinkt sicherlich rapide, wenn ein Zacken oder gar mehrere fehlen – mit der Gültigkeit hat das aber nichts zu tun. Anders als bei Geldscheinen, bei denen es ein klares Kriterium gibt (mehr als die Hälfte muss noch übrig sein), haben die Post-Mitarbeiter bei Briefmarken einen gewissen Ermessensspielraum. «Wenn die Marke noch hinreichend erkennbar ist, auch in Bezug auf ihren Nennwert, wird die Sendung befördert», sagt Dirk Klasen von der Pressestelle der Deutschen Post.

Keinen Spaß versteht die Post dagegen, wenn der Kunde eine schon einmal benutzte Marke noch einmal verwendet – auch wenn sie nicht abgestempelt ist. Briefmarken (amtlich: Postwertzeichen) sind «Gebührenquittungen für Postdienstleistungen», herausgegeben vom Bundesfinanzminister. Deshalb ist die Fälschung dieser hoheitlichen Dokumente auch ganz besonders strafbar.

WENN BRIEFMARKEN WERTLOS
WÄREN, WENN EIN ZACKEN FEHLT.

Das Lied «Happy Birthday» ist urheberrechtlich geschützt

Stimmt. Das Lied «Happy Birthday to You» hieß ursprünglich «Good Morning to All». Im Jahr 1893 wurde es von zwei Erzieherinnen geschrieben, den Schwestern Mildred und Patty Hill aus Louisville in Kentucky, als Morgenlied für den Kindergarten. Der Ursprung des Geburtstagstextes liegt im Dunkeln. Er tauchte 1924 das erste Mal in gedruckter Form auf.

Eine dritte Hill-Schwester, Jessica, führte Anfang der dreißiger Jahre einen Prozess gegen die Verwendung des Liedes in einem Broadway-Musical. Zusammen mit einem Musikverlag, der Clayton F. Summy Company, sicherte sie sich im Jahr 1935 das Copyright für das Stück und veröffentlichte es. Damit war die Kombination von Melodie und Text geschützt («Good Morning to All» darf dagegen jeder singen). Das Urheberrecht ist indes kompliziert und von Land zu Land verschieden. In den USA galt es damals für maximal 56 Jahre nach der Erstveröffentlichung. Diese Frist wurde jedoch immer wieder verlängert und beträgt heute 95 Jahre – also ist das Geburtstagslied bis 2030 geschützt. In Europa dagegen ist die gängige Frist 70 Jahre nach dem Tod des letzten Urhebers. Da Patty Hill 1946 starb, gilt der Schutz noch bis 2016. Der Musikverlag ist inzwischen im Konzern AOL Time Warner aufgegangen. Den Erben und dem Verlag bringt das Lied heute noch etwa zwei Millionen Dollar pro Jahr ein. Wenn es in einem Film gesungen wird, kann der Zuschauer sicher sein, dass es im Abspann erwähnt wird – und dass für die Verwendung des Lieds Tantiemen geflossen sind.

Trotzdem darf man im Familienkreis weiterhin «Happy Birthday» singen – der Schutz bezieht sich auf die kommerzielle Verwertung und die öffentliche Aufführung. Grenzwertig ist es, wenn etwa in einer öffentlich zugänglichen Kneipe ein spontanes Ständchen gegeben wird – aber wo kein Kläger ist, ist auch kein Richter.

Kommissare probieren Rauschgift mit dem Finger

Stimmt nicht. Trotz Hunderter von Kriminalfilmen, in denen der Kommissar die Fingerspitze in das weiße Pulver taucht, kurz dran leckt und dann sagt: «Prima Stoff!»

«Theoretisch kann man einen Geschmackstest machen», sagt Karina Sadowsky von der Pressestelle der Hamburger Polizei. «Allerdings lässt sich dadurch lediglich feststellen, ob eine betäubende Wirkung auf der Zunge eintritt.» Kokain ist nämlich weitgehend geruchs- und geschmacklos, da schmeckt der Kommissar nur die beigemengten Stoffe wie Stärke oder Traubenzucker. Heroin schmeckt bitter, aber auch das probiert der Polizist tunlichst nicht aus. Gar nicht mal, weil er sich damit selbst strafbar machen würde, sondern aus Gesundheitsgründen. «Diese Praxis kann in die Abhängigkeit führen», sagt Karina Sadowsky.

Der «Fingertest» ist also ein Stereotyp des Fernsehkrimis, das mit der Wirklichkeit ebenso wenig zu tun hat wie das Auto, das beim kleinsten Kabelbrand explodiert. Richtige Kommissare gehen die Sache wissenschaftlicher an: Sie haben Schnelltests dabei, mit denen sie das Pulver identifizieren können.

RICHTIGE KOMMISSARE HABEN SCHNELLTESTS DABEI, ABER DA BRAUCHT ES BESSERE SCHAUSPIELER, UM DEN ZUSCHAUER ZU FESSELN.

Zum Tode Verurteilte bekommen eine «Henkersmahlzeit»

Stimmt. Die Todesstrafe gibt es noch in vielen Ländern, und die Bedingungen, unter denen sie vollstreckt wird, sind sehr unterschiedlich. Erstaunlich ist allerdings, in wie vielen Staaten tatsächlich noch der alte Brauch der «Henkersmahlzeit» praktiziert wird. Die Praxis ist sehr alt: Schon die Ägypter, Griechen und Römer kannten die Henkersmahlzeit.

In fast allen Bundesstaaten der USA zum Beispiel kann sich der Delinquent seine letzte Mahlzeit aussuchen, und die Gefängnisverwaltung versucht, diesem Wunsch so weit wie möglich zu entsprechen. Teilweise gibt es die Einschränkung, dass das Gericht aus den in der Gefängnisküche vorhandenen Zutaten zubereitet werden muss – da wird aus dem gewünschten Hummer schon einmal ein Fischfilet. Die texanische Vollzugsbehörde hat sogar bis vor kurzem die *last meals* der Exekutierten im Internet veröffentlicht. Die Seite gibt es nicht mehr – vielleicht weil der Voyeurismus zu groß wurde, mit dem diese Details auf Websites wie deadmaneating.com genüsslich ausgebreitet wurden.

Was ist der Grund für dieses auf den ersten Blick paradox erscheinende Zuvorkommen des Staates gegenüber dem Mörder, den er kurz darauf ums Leben bringt? Der verstorbene deutsche Kriminologe Hans von Hentig sah darin einen Versuch, eine Art letztes Übereinkommen mit dem Verurteilten zu schließen. «Wer immer das Henkersmahl annimmt», schreibt von Hentig, «schließt stillschweigend Urfehde mit denen ab, die Schuld an seinem Tode tragen.»

Auf die letzte Zigarette müssen die Häftlinge in US-Gefängnissen allerdings verzichten. Auch wenn es für den Verurteilten kaum noch gesundheitsschädlich ist – das strikte Rauchverbot wird dort auch in ihrer letzten Stunde nicht aufgehoben.

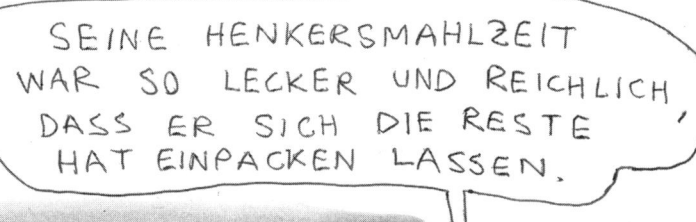

Das Vernichten von Geldscheinen ist strafbar

Stimmt nicht. Man kann sich mit einem 200-Euro-Schein eine Zigarre anzünden, sein Geld durch den Reißwolf drehen und die Schnipsel in der Fußgängerzone verstreuen oder die Banknoten auch einfach zu Hause horten – niemand darf das verbieten.

Das Bargeld (und da hat sich beim Übergang von der Mark zum Euro nichts geändert) hat einen seltsamen Doppelcharakter: Einerseits ist es als das einzige unbeschränkte gesetzliche Zahlungsmittel eine «öffentliche Einrichtung». Andererseits wird der Bürger, sobald die Geldscheine rechtmäßig in seinen Besitz kommen, nicht nur ihr Nutzer, sondern auch ihr Eigentümer – und da greift der Paragraf 903 des Bürgerlichen Gesetzbuchs, nach dem «der Eigentümer mit den ihm gehörenden Sachen grundsätzlich nach Belieben verfahren kann».

Sollte man nach einer übermütigen Vernichtungsaktion allerdings Reue empfinden, kann das Probleme geben: Zwar leistet die Bundesbank im Prinzip Ersatz, wenn mehr als die Hälfte eines Scheins übrig ist. Sie sagt aber auch: «Absichtlich beschädigte Euro-Banknoten werden nicht ersetzt.»

Der menschliche Körper

Wer destilliertes Wasser trinkt, stirbt daran

Stimmt nicht. Wohl trifft es zu, dass destilliertes Wasser keine Salze enthält, aber dass deshalb jeder, der es trinkt, ein Opfer der Osmose wird, ist eine Legende. Und die lautet wie folgt: Die Körperzellen versuchen den Konzentrationsunterschied auszugleichen, pumpen sich immer weiter mit Flüssigkeit voll, bis sie schließlich platzen und der Wassertrinker jämmerlich zugrunde geht.

Zum Glück ist der Körper nicht ganz so empfindlich. Den größten Teil der Salze und Mineralien nimmt er ohnehin über die feste Nahrung auf. Schon im Magen wird Festes und Flüssiges vermengt, und es tritt noch die körpereigene Säure hinzu, sodass keine Zelle mit völlig salzfreiem Wasser in Berührung kommt.

Der beste Beweis gegen die angebliche Todesgefahr sind Menschen, die seit Jahren destilliertes Wasser trinken und putzmunter durchs Leben gehen. Es gibt sogar eine Bewegung, die Aqua destillata als gesundheitsförderndes Heilwasser propagiert.

Im Internet wirbt der Münsteraner Rolf Heckemann unter dem Motto «Test the Dest» für den Selbstversuch. Destilliertes Wasser, so will er herausgefunden haben, fördere die Nierentätigkeit (man muss mehr pinkeln), verhindere Sodbrennen und beschere dem Genießer ganz neue Geschmackserlebnisse, wenn man Kaffee oder Tee damit koche. Außerdem entferne die Destillation alle Schadstoffe aus dem Trinkwasser.

Ernährungswissenschaftler stehen solchen Thesen eher skeptisch gegenüber. Ulrich Schlemmer von der Bundesforschungsanstalt für Ernährung akzeptiert allenfalls die Verwendung für Tee oder Kaffee, weil weiches (also kalziumarmes) Wasser tatsächlich den Geschmack verbessere. Außerdem enthielten Teeblätter und Kaffeebohnen Salze, die sich im Wasser lösen. Warum aber den ganzen Aufwand treiben, wenn das, was aus deutschen Wasserhähnen fließt, «nach wissenschaftlichen Erkenntnissen unbedenklich» sei?

Jedenfalls hält es der Physiologe für groben Unfug, die Ernährung auf destilliertes Wasser umzustellen. Wenn auch keine Lebensgefahr bestehe, so entziehe das Destillat den Zellen doch Natrium- und Kaliumionen und könne so auf die Dauer den Elektrolythaushalt des Körpers durcheinanderbringen.

Sein Fazit: «Es gibt keinen Grund, das zu trinken. Warnen Sie Ihre Leser davor!» Was hiermit geschehen ist.

Wenn man den ganzen Körper mit Farbe einstreicht oder mit einer anderen Substanz überzieht, erstickt man

Stimmt nicht. Die wohl berühmteste Inszenierung dieses Irrglaubens ist der James-Bond-Film «Goldfinger». In einer Szene, die damals sogar auf dem Titel des Magazins *Time* abgebildet wurde, findet 007, gespielt von Sean Connery, die Sekretärin Jill Masterson (Shirley Eaton) tot auf ihrem Bett. Ihr Boss, der böse Auric Goldfinger (Gert Fröbe), hatte die untreue Lady zur Strafe «vergoldet». James Bond erklärt uns den Tod seiner Gespielin folgendermaßen: «Die Haut konnte nicht mehr atmen. Man hat von solchen Unfällen schon bei Tänzerinnen gehört. Der Goldüberzug ist nicht gefährlich, wenn man eine bestimmte Stelle am Rücken freilässt, dann kann die Haut noch atmen.»

Die Macher des Films müssen von dieser Theorie ebenfalls überzeugt gewesen sein. Jedenfalls gingen sie sehr vorsichtig mit der Darstellerin Shirley Eaton um: Sie ist in der Szene nicht vollständig unbekleidet (wir befinden uns im Jahr 1964), und vorsichtshalber ließ man eine Fläche von etwa fünfzehn mal fünfzehn Zentimetern auf ihrem Rücken unvergoldet. Ein Ärzteteam überwachte die gesamte Aktion.

Trotzdem hält sich bis heute hartnäckig das Gerücht, die Schauspielerin sei bei den Dreharbeiten auf eben genau dieselbe Art zu Tode gekommen wie die Figur, die sie verkörperte. Was allerdings durch die Tatsache widerlegt wird, dass Shirley Eaton noch putzmunter in acht weiteren Filmen mitwirkte, bevor sie sich ins Privatleben zurückzog.

Seit den sechziger Jahren hat die Wissenschaft enorme Fortschritte gemacht. Heute wissen wir: Im Gegensatz zu niederen Tieren wie Würmern oder Schwämmen atmet der Mensch durch Mund und Nase, auch wenn manchmal immer noch Gegenteiliges behauptet wird (etwa auf einem Aushang in einer Hamburger Sauna, in dem es hieß, wir würden sechzig Prozent des lebenswichtigen Sauerstoffs über die Haut aufnehmen). Tatsächlich beträgt der Anteil der Hautatmung lediglich ein Prozent, eine Verstopfung der Poren wäre also atemtechnisch kaum von Belang.

Das heißt freilich nicht, dass Aktionen à la Goldfinger gesundheitlich völlig unbedenklich wären: Giftige Inhaltsstoffe der Farbe könnten in den Körper gelangen, und außerdem wird durch eine Versiegelung der Haut das Schwitzen verhindert, es besteht also die Gefahr einer Überhitzung. Als Mordmethode scheidet das Verfahren jedoch definitiv aus.

Haare und Fingernägel wachsen
nach dem Tod weiter

Stimmt nicht. Außer wenn man besonders spitzfindig sein will (siehe unten). Das Phänomen sei ein «postmortales Artefakt», erklärt uns Markus Rothschild, Rechtsmediziner an der Freien Universität Berlin. Immer wieder gebe es Vorkommnisse dieser Art: Eine Leiche wird in der Klinik oder von einem Bestattungsunternehmen fachgerecht präpariert, wozu bei männlichen Toten auch eine Rasur gehört. Anschließend wird der Verstorbene in einem trockenen, gut gelüfteten Kellerraum gelagert. Und ein oder zwei Tage später hat er dann einen Stoppelbart, und die Angehörigen beklagen sich, der Verstorbene sei nicht richtig rasiert worden.

Tatsächlich sind in einem solchen Fall aber nicht die Haare gewachsen. In Wirklichkeit ist die Haut ausgetrocknet und eingeschrumpelt, und dadurch sind die vorher verborgenen Bartstoppeln sichtbar geworden. Bei diesem Vorgang handle es sich um eine Vorstufe der Mumifizierung, erklärt Rothschild, wie sie auch bei Toten zu beobachten sei, die lange in einer trockenen Wohnung gelegen hätten.

Von Haarwachstum kann bei Toten keine Rede sein – mit dem Tod kommen alle Lebensprozesse zu einem absoluten Stillstand. Das sollte eigentlich Basiswissen jedes Medizinstudiums sein – trotzdem glaubt die Hälfte der fortgeschrittenen Medizinstudenten, die etwa im neunten Semester in die Rechtsmedizin kommen, an die Wachstumslegende.

Hier könnte die Geschichte zu Ende sein, aber da tritt ein weiterer Berliner Wissenschaftler auf den Plan: Professor Manfred Dietel, Pathologe an der Charité. «Die Haare wachsen nach dem Tod kurze Zeit weiter», erklärt der. Denn Tod ist nicht gleich Tod: Während das Gehirn als Erstes stirbt (und der Hirntod wird heute als der «offizielle» Todeszeitpunkt angesehen), leben andere Zel-

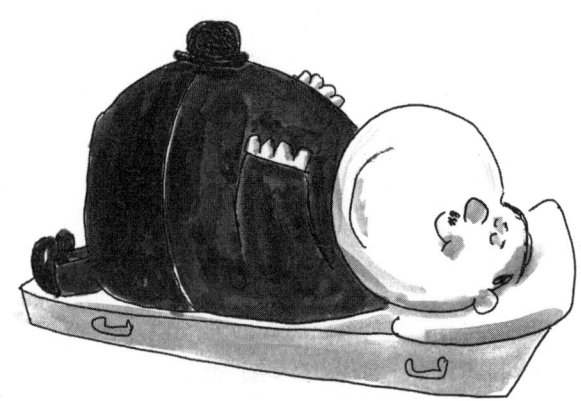

VORHER

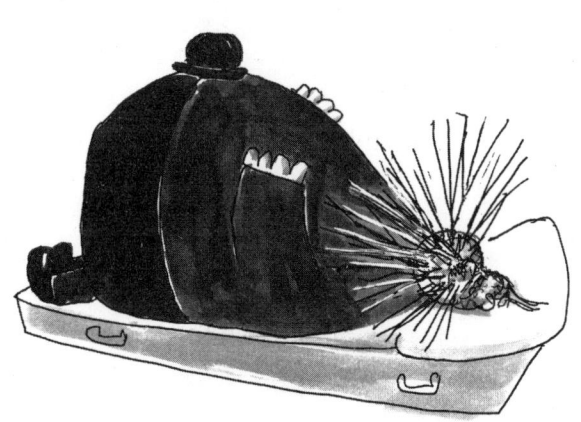

NACHHER

len im Körper weiter. Bindegewebszellen, zu denen auch die haar-produzierenden gehören, können durchaus noch einige Stunden funktionieren.

Viel Haar, da sind sich die Experten einig, können diese Zellen im Todeskampf allerdings nicht mehr produzieren. «Das sehen Sie nicht», sagt uns eine dritte Stimme der Wissenschaft, der Rechtsmediziner Professor Helmut Maxeiner von der Freien Universität Berlin.

Auf jeden Fall gehören Geschichten ins Reich der Dichtung, wie sie der Schriftsteller Gabriel García Márquez in seinem Roman «Von der Liebe und anderen Dämonen» erzählt. Dort wird berichtet, wie das Grab eines Mädchens geöffnet wird, dem noch kurz vor dem Tod die Haare geschnitten worden waren. «Der Grabstein sprang beim ersten Schlag mit der Hacke in Stücke, aus der Öffnung ergoß sich, leuchtend kupferfarben, eine lebendige Haarflut.»

Auf der «inneren Uhr» des Menschen dauert ein Tag 25 Stunden

Stimmt. Der Mensch hat eine «innere Uhr», und die geht durchaus nicht synchron mit der Erdumdrehung. Herausgefunden wurde das seit den sechziger Jahren in den berühmten Versuchen am Max-Planck-Institut für Verhaltensphysiologie in Andechs, bei denen Probanden Wochen, manchmal Monate in Versuchslabors ohne Tageslicht und ohne Uhren verbrachten. Die Versuchspersonen erlebten das übrigens nicht als Qual, sondern genossen die Freiheit, nach ihrem eigenen Rhythmus zu leben, und verbrachten die Zeit mit Lesen, Schreiben oder Prüfungsvorbereitungen. Und im Schnitt stellte sich ihr Körper auf einen 25-Stunden-Tag ein. In neueren Versuchen liegt diese Periode wieder näher an 24 Stunden, berichtet der Schlafforscher Jürgen Zulley vom Universitätsklinikum Regensburg. Sie ist aber immer noch deutlich länger als ein Tag. «Zirkadianer Rhythmus» wird diese seltsame Periode genannt – weil sie etwa einen Tag lang ist, aber nicht genau.

Dieser Rhythmus ist nur einer von vielen, nach denen unsere Körperfunktionen sich richten. Im Prinzip verfügt sogar jede einzelne unserer Zellen über eine Art Uhr. Koordiniert werden diese Billionen von Taktgebern durch einen «Dirigenten» im Gehirn. «Suprachiasmatischer Kern» nennt sich dieses winzige Gebiet im so genannten Hypothalamus. Durch den Einfluss von Licht wird diese Zentraluhr täglich neu justiert – oder auch durch den piepsenden Wecker, der uns jeden Morgen eine Stunde zu früh aus dem Schlaf reißt.

Wieso nun gerade die menschliche Uhr auf mehr als 24 Stunden eingestellt ist, weiß niemand. Bei anderen Lebewesen ist es nämlich anders – so hat etwa der innere Tag bei manchen Vögeln nur 23 Stunden.

Gähnen ist ansteckend

Stimmt. Und die Wissenschaft vermutet, dass der Mechanismus derselbe ist wie beim Lachen, das ebenfalls auf andere überspringen kann. «Empathie» heißt die Fähigkeit des Menschen, Gefühlsregungen seiner Artgenossen nachzuempfinden. Und dass sie auf einer sehr unbewussten Ebene funktioniert, merken wir, wenn wir im Kino sitzen und über das Schicksal einer Phantasiefigur in Tränen ausbrechen – obwohl uns die Vernunft sagt, das alles sei doch nur ein Film.

«Ansteckende» Gefühlsäußerungen haben eine lange evolutionäre Tradition. Wölfe heulen im Rudel. Auch zwischen den Arten funktioniert das: Hunde entwickeln ein Gefühl für die Gefühle von Herrchen oder Frauchen und winseln, wenn es denen nicht gutgeht. Säuglinge lernen Empathie, indem sie unwillkürlich die Mimik ihrer Eltern nachahmen, Gähnen inklusive. Wenn uns jemand etwas Trauriges erzählt, schauen wir traurig. Ist der andere gut gelaunt, blicken auch wir zuversichtlich aus der Wäsche.

Dass wir den Gefühlsausdruck anderer Menschen unbewusst nachahmen, hat zunächst die Funktion, dem anderen mitzuteilen: «Ich verstehe, was du empfindest.» Wissenschaftler haben nun aber herausgefunden, dass nicht nur das Gefühl die Mimik prägt, sondern dass dies auch umgekehrt gilt: Indem wir den anderen nachahmen, beschwören wir auch die entsprechenden Emotionen in uns herauf. So erzeugt das Konservenlachen in Fernsehkomödien tatsächliche Belustigung – und das ansteckende Gähnen führt zu tatsächlicher Müdigkeit.

Und welche Funktion hat nun die Ansteckung beim Gähnen? Offenbar war es für unsere Vorfahren wichtig, dass die ganze Horde gleichzeitig zu Bett ging – schon allein damit keiner den Schlaf der anderen für üble Machenschaften ausnutzen konnte.

Man kann mit der menschlichen Stimme Gläser zum Platzen bringen

Stimmt. Aufmerksame Leser der «Stimmt's?»-Bücher erinnern sich vielleicht, dass diese Frage schon im ersten Band diskutiert wurde. Damals schrieb ich: «Es ist kein dokumentierter Fall bekannt, in dem ein Mensch mit seiner Stimme ein Glas zum Zerplatzen gebracht hätte.»

Das war damals wohl auch korrekt. Wohlgemerkt, es geht um die unverstärkte menschliche Stimme – dass man mit entsprechender Verstärkung genügend Druck aufbauen kann, um alles Mögliche zu zerstören, ist ja nicht weiter verwunderlich. Inzwischen aber ist das Kunststück tatsächlich vollbracht worden: In der 31. Folge der Sendung *Mythbusters*, erstmals ausgestrahlt im amerikanischen Discovery Channel am 18. Mai 2005, ließen die Experimentatoren tatsächlich Glas zerspringen. Der Trick besteht darin, die Eigenfrequenz des Glases zu bestimmen und es dann mit genau dieser Frequenz zum Schwingen anzuregen. Zunächst wurde das mit einer Stimme demonstriert, die elektronisch verstärkt war. Dann aber trat der Rocksänger Jaime Vendera auf den Plan, der angeblich über einen Stimmumfang von sechs Oktaven verfügt. 19-mal versagte er, aber beim 20. Versuch (und beim 12. Glas) machte es «klirr». Also: Nicht alles, was bisher nicht geschehen ist, ist deshalb schon unmöglich.

Durch regelmäßiges Schneiden oder Rasieren wachsen die Haare stärker und schneller

Stimmt nicht. Zwar hoffen Jünglinge in der Pubertät, dass durch regelmäßige Rasur ihre Barthaare schneller wachsen und der Bart dichter wird. Diese Ansicht ist aber eine Legende, schreibt Professor Eberhard Heymann von der Universität Osnabrück in seinem Lehrbuch «Haut, Haar und Kosmetik». «Sie beruht auf der Beobachtung, dass bei jungen Männern der Bart zunächst als Flaum sprießt und in der Zeit, in der man sich üblicherweise zu rasieren beginnt, in sehr dicke Haare übergeht.» Das Barthaar wird also von selbst dicker, es scheint nur, dass die Rasur einen Einfluss darauf hat.

Jedes einzelne Haar am Körper durchlebt einen Zyklus: Zunächst sprießt es schnell, aber allmählich kommt das Wachstum zum Stillstand. Nach einer Ruhephase fällt das Haar aus, und ein neues wächst nach. Von den hunderttausend Haaren auf unserem Kopf befinden sich immer 85 bis 90 Prozent in der Wachstumsphase.

Dieser Zyklus ist der Grund, warum wir uns zum Beispiel nicht die Wimpern schneiden müssen: Ihr Zyklus beträgt nur hundert bis hundertfünfzig Tage, bei den Kopfhaaren kann er bis zu fünf Jahren dauern, in denen das Haar bis zu sechzig Zentimeter lang wird.

Das alles gilt unter der Annahme, dass das Haar nicht geschnitten wird. Weil das Haar aus toten Zellen besteht, «weiß» die Haarwurzel nicht, ob draußen ein langes Haar hängt oder nur ein paar Millimeter – sie durchlebt einfach ihren Zyklus, egal ob das Haar zwischendurch geschnitten wird.

Dass die Stoppeln etwa am Damenbein nach der Rasur kräftiger wirken, hat zwei Gründe: erstens rein mechanische – ein kurzes Haar ist steifer als ein langes. Zudem wird das Haar beim

Rasieren immer an seiner dicksten Stelle abgeschnitten, die dann in vollem Umfang herauswächst – anders als die ungeschnittenen Flaumhaare, die zum Ende hin spitz verlaufen. Wer deshalb die Rasur bereut, braucht nur ein paar Monate zu warten: Dann hat der Körper alle einst rasierten Haare durch neue ersetzt – die Regel «Wer einmal die Beine rasiert, muss sie immer rasieren» stimmt also auch nicht.

Die menschlichen Körperzellen erneuern sich alle sieben Jahre vollständig

Stimmt nicht. Viele unserer Körperzellen erneuern sich in regelmäßigen Perioden, aber längst nicht alle. Und diese Perioden sind sehr unterschiedlich. Hinter der Zahl von sieben Jahren steckt wohl der Hang des Volksmundes zur Zahlenmystik.

Wie unterschiedlich es um die Lebensdauer unserer Zellen bestellt ist, können ein paar Beispiele demonstrieren: Die weißen Blutkörperchen werden zum Teil nur wenige Stunden alt, während die roten immerhin 120 Tage durchhalten. Die Hautzellen an den Fußsohlen leben etwa 19 Tage. Knochenzellen sind dagegen extrem langlebig: Sie halten 25 bis 30 Jahre. Und die kleinen grauen Zellen im Gehirn erneuern sich fast gar nicht (in letzter Zeit hat es einige Experimente gegeben, bei denen Nervenzellen zur Erneuerung angeregt werden konnten). Das bedeutet zum Beispiel, dass die bei einem Vollrausch abgestorbenen Hirnzellen unwiederbringlich verloren sind. Dasselbe gilt auch für die Eizellen der Frau – sie hat von Geburt an einen endlichen Vorrat, der nicht wieder aufgefüllt wird. Und beim Mann betrifft es die Haarfollikel auf dem Kopf – einmal kahl, immer kahl.

Alle diese Angaben betreffen die Zelle als ein lebendes (und sterbendes) System. Aber natürlich hat auch eine langlebige Zelle einen Stoffwechsel und tauscht ständig Substanzen mit der Umwelt aus. Wie lange etwa ein einzelnes Molekül im Körper bleibt, ist daher kaum zu beantworten.

Bei manchen Menschen riecht nach dem Spargelessen der Urin eigenartig, bei anderen nicht

Stimmt. Wir müssen zwei Dinge unterscheiden: die Produktion der unangenehm riechenden Substanzen und deren Wahrnehmung. Bis 1980 galt es als gesichert, dass nur bei einem Teil der Bevölkerung nach dem Spargelessen der Urin «nach gekochtem, vergammeltem Kohl» riecht, wie der Biochemiker Stephen Mitchell vom Londoner University College das Odeur beschreibt. Je nachdem, in welcher Population man misst, sind es etwa 40 bis 50 Prozent. Diese «Fähigkeit» vererbt sich dominant gemäß den Mendel'schen Gesetzen. Allerdings ist die Wissenschaft weit davon entfernt, ein Gen dafür zu kennen.

1980 erschien dann im *British Medical Journal* eine Studie, die dieser Erkenntnis zu widersprechen schien: Die Autoren behaupteten, alle Menschen würden den Stinkurin produzieren, aber nur ein Teil sei für den Geruch empfänglich. Diese sensible Minderheit von zehn Prozent könne den Gestank auch im Urin anderer wahrnehmen, die selbst davon gar nichts merken. Man will sich die Versuchsanordnung gar nicht ausmalen.

Es mag diese hypersensiblen Riecher geben, aber dass die eine Hälfte der Menschheit den Spargel tatsächlich anders verdaut als die andere, ist mittlerweile experimentell bestätigt worden. Mitchell und seine Kollegen haben 1987 in einer Arbeit für die Zeitschrift *Xenobiotica* sechs schwefelhaltige Substanzen identifizieren können, die für den Geruch verantwortlich sind. Allerdings weiß man nicht einmal, welche Inhaltsstoffe im Spargel zu diesen Substanzen abgebaut werden. Es bleibt also noch ein weites Feld für weitere Forschungen.

Jedes Baby kostet die Mutter einen Zahn

Stimmte früher. In der Vergangenheit ging das Kinderkriegen tatsächlich oft mit Zahnverlusten einher. Das ist jedenfalls das Ergebnis einer statistischen Studie, die Forscher von der dänischen Universität von Odense und vom Max-Planck-Institut für demographische Forschung in Rostock gemeinsam durchgeführt haben. Grundlage waren die Daten von über 1100 dänischen Senioren-Zwillingspaaren ab 73 Jahren.

Bei den Frauen gab es eine eindeutige Korrelation: Mütter aus den unteren sozialen Schichten verloren tatsächlich pro Kind einen Zahn mehr als die Kinderlosen. In den höheren Schichten betrug der Unterschied nur einen halben Zahn pro Kind. Bei den Männern dagegen gab es keine signifikanten Unterschiede zwischen Vätern und Kinderlosen. Auch bei Zwillingsschwestern waren die Daten eindeutig: Bei 28 von 34 Zwillingspaaren hatte diejenige weniger Zähne, die mehr Kinder geboren hatte.

Doch was ist die Ursache für diesen Zahnverlust? Die Wissenschaft tappt da auch noch weitgehend im Dunkeln. Sicher ist die naive Vorstellung falsch, das heranwachsende Baby raube sich das Kalzium für den Aufbau seiner Knochen aus Muttis Zähnen. Peter Ehrl, der ein Fortbildungsinstitut der Berliner Zahnärztekammer leitet, führt die dänischen Daten auf die schlechtere Mundhygiene früherer Jahrzehnte zurück. Denn die alten Damen haben ja ihre Kinder vor einigen Jahrzehnten bekommen, viele in Krisenzeiten. Gerade in der Schwangerschaft sei aber die richtige Zahnpflege wichtig, weil dann die Schleimhäute zum Anschwellen neigen und auch das Zahnfleisch anfälliger für Entzündungen ist. Werdende Mütter sollten also auf ihre Zähne achten!

Manche Menschen wiegen mehr, weil sie einen «schweren Knochenbau» haben

Stimmt nicht. Es ist zwar eine schöne Entschuldigung fürs Übergewicht – klingt sie doch viel gesünder als die sonst gern zitierten «Hormonstörungen». Und da man sich die Knochen ja kaum weghungern kann, sind «schwere Knochen» ein perfekter Vorwand, um weiter den schmackhaften Dingen des Lebens zu frönen.

Nur: Es bleibt halt ein Vorwand. Zwar haben wirklich manche Menschen ein stabileres und damit auch ein schwereres Skelett als andere, aber damit kann man kein Übergewicht von zehn Kilo oder mehr erklären. Das Knochengerüst eines erwachsenen Menschen wiegt nämlich insgesamt nur um die zehn Kilogramm. Gestehen wir einem besonders Stämmigen einen 30 Prozent schwereren Knochenbau zu – dann sind das immer noch nur drei Kilo mehr. Die seien ihm gegönnt, alles darüber ist ein ganz gewöhnliches Übergewicht. Das Maß dafür ist der Body Mass Index: Gewicht geteilt durch das Quadrat der Körpergröße. Mit einem BMI ab 26 gilt man als zu dick. Und nur von ganz peniblen Rechnern muss dieser Index um einen Knochenbaufaktor bereinigt werden.

Auch im Schatten wird man braun

Stimmt. Die Antwort ist in etwa dieselbe wie auf die Frage: Stimmt es, dass man auch im Schatten etwas sehen kann? Auf dem Mond ist es im Schatten tatsächlich pechschwarz, weil der keine Atmosphäre hat. Bei uns streut die Luftschicht das Licht, sodass ein Teil auch dahin kommt, wo die Sonne nicht direkt hinscheint.

Und das gilt für das ultraviolette Licht, das für Bräunung, Sonnenbrand und Hautkrebs verantwortlich ist, im Prinzip genauso wie für das sichtbare. Ein paar Besonderheiten gibt es: So lassen manche undurchsichtigen Textilien UV-Strahlen durch, sodass man unter einem entsprechenden Sonnenschirm verbrennt. Umgekehrt blocken manche Glassorten das UV-Licht fast völlig ab.

Wie viele bräunende Strahlen man im Schatten nun wirklich abbekommt, ist leider nicht so pauschal zu beziffern, erklärt Rüdiger Matthes vom Bundesamt für Strahlenschutz. Das kommt nämlich ganz auf die Umgebung an – Sand und Wasser reflektieren die Strahlen sehr gut, sodass am Strand der Wert sehr hoch sein kann. Man kann davon ausgehen, dass dort im Schatten 25 bis 50 Prozent der Strahlung an den Körper gelangen, die man in der Sonne abbekommen würde. Der Schatten hat dort also ungefähr denselben Sonnenschutzfaktor wie eine Creme mit dem Faktor zwei bis vier.

Das Gehirn verbraucht 50 Prozent unserer Energie

Stimmt nicht, jedenfalls für erwachsene Menschen. Deren Gehirn ist zwar auch ein Energiefresser, aber es braucht «nur» 20 Prozent der Energie, die sie sich über Nahrung und Atmung zuführen.

Das ist jedoch immer noch eine ganze Menge, wenn man berücksichtigt, dass der Denkklumpen in unserem Kopf nur etwa zwei Prozent der Körpermasse ausmacht. Babys dagegen benötigen tatsächlich die Hälfte ihrer Energiezufuhr für die Entwicklung des Gehirns. In dieser frühen Lebensphase wächst der Kopf rapide, und im Hirn werden viele Synapsen gebildet, also die Verbindungen zwischen den Gehirnzellen. Nach dem fünften Lebensjahr lernen wir nur noch, indem wir einen Teil der Synapsen wieder entfernen, das Gehirn arbeitet dann insgesamt «ökonomischer».

Was den Energielieferanten Glukose (vulgo Traubenzucker) angeht, so braucht auch das erwachsene Gehirn nicht nur die Hälfte, sondern sogar 60 Prozent des Gesamtzuckerhaushalts. Und weil es insgesamt nur 33 Gramm des süßen Treibstoffs zwischenspeichern kann, ist eine stetige Glukosezufuhr über das Blut äußerst wichtig. Eine Banane oder ein Brötchen vor der Mathearbeit können also durchaus eine positive Wirkung haben – übrigens eine bessere als reiner Traubenzucker, der zwar sehr schnell ins Blut geht, dessen Wirkung aber nach wenigen Minuten verpufft.

Die Fähigkeit, die Zunge zu einem Röllchen zu formen, ist genetisch bedingt

Stimmt nicht. Die Fähigkeit, die Zunge an den Rändern aufzurollen (eine Art U zu formen), ist ein schönes Beispiel, mit dem man im Biologieunterricht die Vererbung von Eigenschaften nach den Mendel'schen Gesetzen untersuchen kann: Sie ist leicht zu überprüfen, außerdem macht es den Schülern viel Spaß, ihre Verwandtschaft daraufhin zu testen und sie in «Roller» und «Nichtroller» zu unterteilen.

Nur: Das Beispiel ist zu schön, um wahr zu sein. Alfred Sturtevant, der im Jahr 1940 zu den Ersten gehörte, die ein dominantes Gen für diese Eigenschaft verantwortlich machten, schrieb schon 1965 in seinem Buch «A History of Genetics» über «eine unglückliche Tendenz» in der Wissenschaft, manche Merkmale als Beispiel für die Mendel'sche Vererbung zu akzeptieren, obwohl die Beweislage sehr dürftig ist. Im Fall des Zungenrollens kam der Todesstoß bereits 1952, als ein gewisser Philip Matlock eineiige Zwillinge untersuchte. Deren Fähigkeit müsste ja aufgrund ihrer identischen Erbanlagen immer gleich sein – bei 21 Prozent der von Matlock untersuchten Paare war aber jeweils ein Zwilling ein «Roller» und einer ein «Nichtroller». Zwingender Schluss: Es gibt zumindest noch weitere Faktoren, die die Zungenrollfähigkeit beeinflussen. Und offenbar können manche «geborenen» Nichtroller das Rollen sogar lernen.

«Es ist mir immer noch peinlich», schrieb Sturtevant, «wenn ich das Beispiel in aktuellen Arbeiten zitiert sehe.» Und daran hat sich auch in den vergangenen 40 Jahren nicht viel geändert.

Wie die Nase des Mannes,
so auch sein Johannes

Stimmt nicht. Es ist ja interessant, mit was für Fragen die *Zeit*-Leser an mich herantreten – aber es gibt eigentlich keinen Grund, sich nicht damit zu beschäftigen. Also: Das männliche Geschlechtsorgan ist schon auf vielfältige Weise vermessen worden, etwa um herauszubekommen, ob sich seine Länge im Alter verändert. Über Korrelationen mit den Maßen anderer Körperteile gibt es dagegen wenig Material. Mir liegt ein Bericht vor, nach dem ein koreanisches Forscherteam an 655 erwachsene Männer die Messlatte anlegte und die Werte mit den Dimensionen anderer Körperteile verglich. Das Ergebnis: Es gab ein paar schwache Korrelationen mit der Körpergröße, dem Gewicht und der Länge gewisser Zehen, aber das war es auch schon.

Die Zahl dieser Probanden verblasst gegen die Stichprobe, die eine Internet-Seite mit dem Titel «The Definitive Penis Size Survey» inzwischen gesammelt hat: Über 11 000 Surfer haben für diese Umfrage bereits ihr bestes Stück selbst vermessen und zusätzlich auch Werte wie Nasenlänge und Schuhgröße angegeben. Richard Edwards, der diese Seite betreibt, schreibt mir: «Ich habe inzwischen genügend Daten gesammelt, um zu sagen, dass es keine Korrelation zwischen Nasenlänge oder -breite und der Penisgröße gibt. Variablen, die ganz schön damit korrelieren, sind Rasse, Körpergröße und die Körperfettmasse.»

Fazit also: Die Größe des Riechkolbens lässt keine Schlüsse auf die verborgenen Quantitäten eines Mannes zu. Natürlich ist diese Untersuchung wissenschaftlich weniger stringent, weil die Testpersonen eigenhändig Maß nehmen und man ihren Angaben vertrauen muss. Deshalb ist auch Edwards dazu übergegangen, selber im Dienst der Wissenschaft zu messen.

Manche Menschen träumen schwarzweiß, andere in Farbe

Stimmt nicht. Schlafforscher gehen davon aus, dass fast alle Menschen so träumen, wie sie auch sehen – und das heißt in Farbe. Vor der Erfindung der Fotografie hätte niemand mit der Frage «Träumen Sie in Schwarzweiß?» überhaupt etwas anfangen können – dass es Bilder in Graustufen gibt, liegt ja zunächst an der Unzulänglichkeit der frühen Foto- und Fernsehtechnik. Der amerikanische Forscher Eric Schwitzgebel hat Traumberichte aus allen Jahrzehnten des 20. Jahrhunderts ausgewertet und festgestellt, dass Berichte über schwarzweiße Träume erst mit dem Kino aufkommen. Am höchsten war ihre Zahl in den fünfziger Jahren, als das Schwarzweißfernsehen seine große Zeit hatte.

Dass die Menschen, die von Schwarzweißträumen berichten, im Schlaf ihr Leben tatsächlich grau in grau sehen, bezweifelt auch der Traumforscher Michael Schredl vom Zentralinstitut für Seelische Gesundheit in Mannheim. «Es ist eine Frage der Erinnerung», sagt Schredl. Menschen, die sich häufig und gut an ihre Träume erinnern können, würden sich auch eher an farbige Details erinnern. Angeblichen Schwarzweißträumern gibt er den Tipp: «Schauen Sie noch einmal genauer hin!» Dann würde den meisten auffallen, dass etwa die Gesichter der Menschen im Traum nicht grau sind, sondern genauso fleischfarben wie im richtigen Leben.

Unmittelbar vor ihrem Tod sehen manche Menschen noch einmal ihr bisheriges Leben im Zeitraffer vorüberziehen

Stimmt. Was Menschen im Moment ihres Todes erleben, darüber gibt es naturgemäß keine Berichte. Allerdings erzählt etwa ein Drittel der Menschen, die dem Tod sozusagen in letzter Minute von der Schippe gesprungen sind, von so genannten Nahtod-Erfahrungen. Und dabei gibt es einige Elemente, die immer wieder auftauchen: der Blick durch einen Tunnel, an dessen Ende ein helles Licht leuchtet; das Gefühl, den eigenen Körper zu verlassen und ihn von außen zu betrachten; und eben auch der «Film des Lebens», der im Zeitraffer vor dem inneren Auge abläuft.

In jüngster Zeit haben Forscher begonnen, solche Nahtod-Erlebnisse systematisch zu analysieren. Der Psychiater Michael Schröter-Kunhardt etwa hat 230 Fälle untersucht, darunter auch viele, in denen die Menschen einen «Lebensfilm» sahen – der übrigens mal vorwärts ablief und mal rückwärts. Der Neurologe Detlef Linke glaubte sogar, die Quelle für die Erinnerungsflut gefunden zu haben: Gewisse Rezeptoren im Hirn reagieren auf Sauerstoffmangel verstärkt und werfen das Retrokino an.

Für ein Lächeln braucht man 17 Muskeln, für ein ernstes Gesicht 43

Stimmt nicht. Tatsächlich werden diese (oder ähnliche) Zahlen viel verbreitet, selbst auf Internet-Seiten, die sich scheinbar wissenschaftlich mit der menschlichen Anatomie befassen. Lebensratgeber ziehen daraus den Schluss, dass man sich die Mühe des Runzelns sparen sollte (andere wiederum betonen, wie gesund doch das Lachen sei, gerade weil so viele Muskeln benutzt würden …).

Ich habe den weltweit bekanntesten Experten für den Zusammenhang zwischen Mimik und Gefühl gefragt, den Amerikaner Paul Ekman von der University of California in San Francisco. Der gehört zu den Vätern von Facs, einem genormten System zur Bewertung von Gesichtsausdrücken, und 2004 ist sein Buch «Emotions Revealed» erschienen. Laut Ekman hat der Spruch «nichts mit der Realität» zu tun. «Ein ernstes Gesicht wird auf der Stirn mit einem Muskel erzeugt, dem Corrugator. Bei den Lippen mit einem weiteren, dem Triangularis. Ein einfaches Lächeln bekommt man schon mit einem Muskel hin, dem Zygomaticus Major. Ein wirklich freudiges Lächeln erfordert noch zusätzlich den Orbicularis Oculi.»

Alle genannten Muskeln kommen paarweise vor, also braucht man fürs ernste wie fürs erfreute Gesicht jeweils zwei bis vier. Natürlich sind meistens noch mehr der über 50 Gesichtsmuskeln an einer Miene beteiligt – aber die genannten Zahlen sind völlig aus der Luft gegriffen.

Schlafwandler soll man nicht aufwecken

Stimmt. Zwar ist der «Schock» beim Aufwachen nicht tödlich, wie manche meinen (höchstens dann, wenn der Schlafwandler zum Beispiel an einem offenen Fenster steht oder am oberen Ende einer Treppe Gefahr läuft, vor Schreck herunterzufallen). Trotzdem raten die meisten Schlafforscher dazu, nicht zu versuchen, Schlafwandler aufzuwecken, um sie von ihrem nächtlichen Treiben abzubringen.

Ein Fünftel aller Kinder wandelt gelegentlich im Schlaf – bis zum Erwachsenenalter reduziert sich diese Quote auf etwa ein Prozent. Schlafwandler befinden sich im Tiefschlaf, deshalb ist es ohnehin schwierig, sie zu wecken. Gelingt es, dann reagiert der Betroffene verwirrt, er weiß meist nicht, wo er sich befindet und wie er in die eventuell peinliche Lage geraten ist.

Somnambule Menschen bewegen sich nicht mit «schlafwandlerischer» Sicherheit – sie folgen oft einer Lichtquelle (früher war das vor allem der Mond) und gehen dabei stur geradeaus, ohne auf Hindernisse oder Abgründe zu achten. Das Ziel beim Umgang mit dem Nachtwandler sollte sein, ihn behutsam dazu zu bringen, ins Bett zurückzukehren und dort weiterzuschlafen. Am besten greift man den Schlafwandler sanft am Arm und dirigiert ihn an Hindernissen vorbei zum Schlafzimmer. Wenn er sich wehrt, weil er meint, eine bestimmte Aufgabe erfüllen zu müssen, etwa die Wohnung zu putzen, kann es hilfreich sein, auf diese Vorstellung (scheinbar) einzugehen. Mit manchen Schlafwandlern kann man darüber reden, diskutieren ist allerdings meist zwecklos. Und am nächsten Morgen haben sie in der Regel vergessen, was in der Nacht vorgefallen ist.

Die Länge des Menstruationszyklus
hat mit den Mondphasen zu tun

Stimmt nicht. Der Mond rotiert in 29,5 Tagen um die Erde, und der durchschnittliche weibliche Zyklus ist etwa genauso lang. Daher kommt der Name Monatsregel, auch in dem Wort «Menstruation» steckt das lateinische Wort für Monat *(mensis)*. Aber haben die beiden Phasen etwas miteinander zu tun? Ein Blick auf die Menstruationszyklen anderer Säugetiere – Mäuse 5 Tage, Meerschweinchen 11, Schafe 16, Kühe 21, Schimpansen 37 Tage – offenbart: Wenn man den Menschen als eines von vielen Säugetieren betrachtet, so scheint kein zwingender Zusammenhang zwischen Zykluslänge und Mondorbit zu bestehen. Das sieht doch eher nach Zufall aus.

Könnte es denn trotzdem sein, dass sich der Mond beim Menschen zu einer Art «Taktgeber» für die Monatsregel entwickelt hat? Auch diese These ist nicht sehr überzeugend. Bei kaum einer Frau dauert der Zyklus exakt einen Monat. Die Länge differiert sogar zwischen den Völkern (bei den US-Amerikanerinnen ist der Zyklus zwei Tage länger als bei den Japanerinnen), und es ist ja auch nicht so, dass alle Frauen etwa bei Vollmond ihre Tage hätten – das verteilt sich über alle Mondphasen. Letztlich bleibt also vom Zusammenhang zwischen Mond und Regel nicht viel übrig.

MÄUSE MENSTRUIEREN ALLE 5 TAGE.
MONATS BINDEN
MONTAGS BINDEN

Wenn Frauen keinen BH tragen, leiern ihre Brüste aus

Stimmt nicht. Die Frage «BH – ja oder nein?» scheint auch 30 Jahre nach den (angeblichen) Büstenhalter-Verbrennungsaktionen kämpferischer Feministinnen noch starke Emotionen auszulösen. Bleiben wir also ganz sachlich: Es gibt tatsächlich keine wissenschaftliche Untersuchung, die belegt, dass BHs das «Ausleiern» der weiblichen Brust verhindern können.

Früher war die Ansicht weit verbreitet, dass die Bänder der Brüste eine Unterstützung bräuchten, um der Schwerkraft besser standzuhalten. Das behauptet aber heute niemand mehr. Im Gegenteil: Es gibt Anzeichen dafür, dass diese Bänder degenerieren können, wenn sie im täglichen Auf und Ab nicht genügend gefordert werden. Wissenschaftler der Otsuma-Frauenuniversität in Tokio ließen elf Testfrauen jeweils drei Monate mit und drei Monate ohne BH herumlaufen. Ergebnis: Egal ob groß oder klein, nach drei Monaten im Korsett hing die Brust mehr als nach einem BH-freien Vierteljahr.

Wenn die Brust zu hängen beginnt, dann ist das ein natürlicher Alterungsprozess, der bei manchen Frauen ausgeprägter ist als bei anderen.

Gute Argumente für das Tragen eines BHs gibt es vor allem beim Sport: Christine Haycock von der amerikanischen New Jersey Medical School filmte Sportlerinnen mit einer Hochgeschwindigkeitskamera auf einem Laufband und bei anderen sportlichen Aktivitäten, mit und ohne BH. Ab Körbchengröße C, berichtet die Forscherin, vollführten die ungestützten Brüste beim Aerobic komplizierte spiralförmige Figuren in Form der Ziffer 8. «Kein Wunder, dass die Frauen sich unwohl fühlten», kommentiert Haycock.

Geschichte

Die Zahl der aktuell lebenden Menschen ist größer als die Zahl der bereits Verstorbenen

Stimmt nicht. Diese angebliche «Tatsache» wird oft von Leuten verbreitet, die entsetzt sind über die heutige Bevölkerungsexplosion. Aber trotz des starken Wachstums: Die Zahl der Toten ist weit größer als die Zahl der Lebenden.

Das hat jedenfalls der Bevölkerungsforscher Herwig Birg von der Universität Bielefeld im Jahr 1990 ausgerechnet. Und das ist gar nicht so einfach: Es gibt zunächst einmal Schätzungen, wie viele Menschen zu jedem gegebenen historischen Moment auf unserem Globus gelebt haben. Die Forscher gehen davon aus, dass es zur Zeit von Christi Geburt etwa 300 Millionen waren. Daran änderte sich in den nächsten Jahrhunderten nicht viel – richtig steil wurde die Kurve erst im 20. Jahrhundert, in dem sich die Weltbevölkerung etwa verfünffacht hat – auf heute sechs Milliarden Erdenbürger.

Aber wie summiert man all diese Menschen auf? Dazu muss man für jedes Jahr in der Geschichte die Zahl der lebenden Menschen mit der Geburtenrate multiplizieren, die man natürlich auch nur schätzen kann. Birg geht übrigens davon aus, dass diese Geburtenrate bis zur Erfindung der Verhütungsmittel ziemlich konstant war – für die Bevölkerungsexplosion hat also nicht etwa ein verstärkter Fortpflanzungstrieb des Menschen gesorgt, sondern die Erhöhung der Lebenserwartung durch bessere medizinische Versorgung. Die Zahl der Geburten in jedem Jahr muss man dann nur noch aufsummieren und man erhält die Summe aller Menschen, die je gelebt haben.

Und das ist das Ergebnis (Stand 1990): Bisher wurden 80,6 Milliarden Menschen geboren. Davon lebten zu diesem Zeitpunkt 5,3 Milliarden, 75,7 Milliarden waren tot. Von den Toten entfallen 40,9 Milliarden auf die Zeit nach Christi Geburt und 34,4 Milliarden auf die vielen Jahrtausende davor. Den Fehler seiner Rechnung schätzt Birg auf maximal 15 Prozent nach oben oder unten.

Moment mal, kann man jetzt noch einwenden, ist es für diese Rechnung nicht wichtig, wann der erste *Homo sapiens* auf der Bildfläche erschien? Macht es nicht einen Riesenunterschied, ob man vor zwei Millionen Jahren anfängt zu zählen oder vor einer Million? Macht es nicht. Denn bis zur Steinzeit lebten insgesamt nur wenige tausend Menschen, die Zahl fällt daher kaum ins Gewicht.

Viele alte Tongefäße mit Rillenmuster dokumentieren wie eine Schallplatte Geräusche aus der Zeit ihrer Herstellung

Stimmt nicht. Dabei wäre das doch ein Traum für jeden Altertumsforscher: Originalzeugnisse aus der Zeit unserer Vorfahren, sogar noch vor Erfindung der Schrift. Ich musste bei der Leserfrage sofort an ein Fernsehlügenquiz aus den siebziger Jahren denken. Da wollte man angeblich mit der Methode klären, ob die Römer Cicero wie ein «Zizero» oder wie «Kikero» ausgesprochen haben (der Gag: Sie sagten «Tschitschero»). Aber es war halt nur eine Lügengeschichte, ähnlich wie der Aprilscherz einer Berliner Zeitung aus der Zeit vor dem Zweiten Weltkrieg, den Hoimar von Ditfurth 1961 in einem Artikel in der *Zeit* erwähnte. Demnach hätten Forscher eine ägyptische Vase abgetastet. «Und aus dem Lautsprecher sei ein altägyptisches Volkslied erklungen, das Lied, das der Töpfer zufällig gesungen haben musste, als seine Hand vor drei Jahrtausenden die Linie in den noch feuchten Ton der rotierenden Vase ritzte!»

Aber da war auch noch der Artikel, der 1993 in der seriösen Zeitschrift *bild der wissenschaft* stand – im Juni, nicht im April. Unter der Überschrift «Ton in Ton» wurde dort tatsächlich die Möglichkeit solcher Schallaufzeichnungen behauptet. Der Physiker Wolfgang Heckl von der Universität München sah in ihrer Erforschung eine denkbare Anwendung für das so genannte Rasterkraftmikroskop, mit dem sich sogar einzelne Moleküle sichtbar machen lassen. Heckl mutmaßte darin, dass alle Rillen und Kratzer, die einer glatten Oberfläche zugefügt werden, auch Schallwellen aufzeichnen könnten. «Der Krug auf der Töpferscheibe gleicht im Prinzip der Walze eines Edison-Phonographen. Wenn der Töpfer mit Stichel oder Kamm Rillen in den weichen Ton schneidet und dabei ein Lied singt, sich mit seiner Frau streitet oder nach

seinem Gesellen ruft, dann schwingen Hand und Werkzeug mit und gravieren die Schallimpulse in die Rille ein.»

Nun sind seit dieser Veröffentlichung einige Jahre ins Land gegangen – Anlass, einmal bei Herrn Heckl nachzufragen, wie viele antike Schallaufzeichnungen er denn nun gefunden hat. Seine Antwort: Das Prinzip des tönernen Tonträgers sei nichts weiter als «eine intellektuelle Spielerei, deren einziger Sinn darin lag, das mögliche (atomare) Auflösungsvermögen von Oberflächentopografie mit dem Rasterkraftmikroskop zu erläutern. Es wurden tatsächlich, soweit mir bekannt ist, niemals Tongefäße untersucht.» So vielversprechend, dass er selbst ihm ernsthaft nachgegangen wäre, fand der Forscher seinen Einfall demnach nicht. So werden wir auf die endgültigen Antworten auf die Fragen nach der Aussprache der Lateiner und dem altägyptischen Liedgut wohl noch warten müssen.

In Rom entschied das Volk per «Daumen hoch» oder «Daumen runter» über das Schicksal der Gladiatoren

Stimmt nicht. Wir haben die Szene immer wieder im Film gesehen, zuletzt in «Gladiator»: Wenn der Kampf zwischen zwei Gladiatoren nicht tödlich geendet hatte, durfte das Volk entscheiden, ob es den armen Kerl begnadigte. Andernfalls hatte der Unterlegene vor dem Sieger niederzuknien, der ihn dann mit dem Schwert hinrichtete. In der Hollywood-Zeichensprache reckt die Plebs den Daumen nach oben, wenn der Gladiator überleben soll, und senkt ihn im Falle des Todesurteils.

Aber diese Gesten sind nicht wirklich historisch überliefert. Es gab damals noch keinen Film, und deshalb sind wir heute auf schriftliche und bildliche Zeugnisse angewiesen. Anthony Corbeill von der University of Kansas, Experte für die Gestik des Altertums, hat eingehend alte Texte und Darstellungen auf Münzen studiert. Er ist überzeugt, dass der hochgestreckte Daumen im alten Rom das Gegenteil von dem bedeutete, was wir heute damit verbinden: Er sei nämlich das Sinnbild für das tödliche Schwert gewesen. Wollte das Volk den Gladiator begnadigen, so steckte man dagegen den Daumen in die Hand – Schwert in der Scheide – oder drückte ihn auf den Zeigefinger, so wie wir heute jemandem «die Daumen drücken».

Für Corbeills Interpretation sprechen einige Textstellen bei klassischen Autoren wie Juvenal, Plinius und Horaz. Und außerdem die Tatsache, dass der hochgereckte Daumen als Zeichen der Zustimmung offenbar erst in jüngster Vergangenheit verwendet wird – in Italien zum Beispiel kann man damit heute noch für Missverständnisse sorgen.

Im Mittelalter glaubten die Menschen, die Erde sei eine Scheibe

Stimmt nicht. Dass die Erde (annähernd) eine Kugel ist, war schon den alten Griechen bekannt – Eratosthenes hat ja sogar den Erdumfang erstaunlich genau berechnet, indem er den Schatten der Sonne an unterschiedlichen Orten verglich. Auch die Beobachtung, dass ein wegfahrendes Schiff langsam am Horizont «versinkt» und man zuletzt nur noch seinen Mast sieht, ist seit Jahrtausenden bekannt – ein Beweis dafür, dass die Erdoberfläche gekrümmt ist. Und Aristoteles bemerkte, dass bei einer Mondfinsternis der Erdschatten einen gekrümmten Rand hat.

Das Mittelalter mag dann eine dunkle Phase des Rückschritts gewesen sein. Trotzdem geriet nicht sämtliches Wissen in Vergessenheit – die Lehren des Aristoteles etwa wurden auch im Mittelalter hochgehalten. Und die Gegner von Christoph Kolumbus, die ihm von seiner gewagten Fahrt gen Westen abrieten, glaubten nicht etwa, dass er von der Scheibe hinunterplumpsen würde. Im Gegenteil – sie schätzten den Erdumfang realistischer ein als der Entdecker. Eine Fahrt bis nach Indien wäre mit den damaligen Mitteln unmöglich gewesen (siehe Seite 195).

Der Bonner Skandinavist Rudolf Simek hat nun für seine Habilitationsschrift über altnordische Kosmographie noch einmal nach Belegen dafür gesucht, dass die Menschen wieder zur Vorstellung der Scheibenwelt zurückkehrten – vergeblich, wie die Zeitschrift *Geo* berichtet. Zwar sind alle Weltkarten der damaligen Zeit flach – aber das sind unsere heutigen Karten ja auch. Nur wurde damals der gesamte Erdkreis auf einer Fläche dargestellt, während wir jeweils eine Halbkugel auf einen Kreis projizieren.

Den Ursprung der Legende sieht Simek in der Zeit der Aufklärung. Im 17. Jahrhundert machte man sich gern über die düstere Vergangenheit lustig und zerrte dafür obskure Schriften einiger wissenschaftlicher Außenseiter hervor. Aber skurrile Vorstellungen gab es zu allen Zeiten – wie man leicht sieht, wenn man das Internet nach dem Begriff «Flat Earth Society» durchsucht. Es gibt nicht nur Leute, die an eine flache Erde glauben, andere meinen sogar, wir lebten auf der Innenseite einer Hohlkugel.

Die Erde stellte man sich also auch im Mittelalter kugelförmig vor – allerdings als Zentrum des Universums. Man spekulierte sogar darüber, ob es auf der gegenüberliegenden Seite Menschen gebe, die so genannten Antipoden. Dass die von der Erde herunterplumpsen würden, glaubte allerdings auch damals niemand.

Es gab einmal eine Päpstin Johanna

Stimmt nicht. Mit dieser Frage begebe ich mich auf gefährliches Terrain. Seit über 700 Jahren dient die Päpstin Johanna, die im 9. Jahrhundert gelebt haben soll, als Waffe im ideologischen Grabenkrieg, wie die Theologin Elisabeth Gössmann in dem knapp 1000-seitigen Wälzer «Mulier Papa – Der Skandal eines weiblichen Papstes» von 1994 beschreibt. Für die Katholiken konnte nicht sein, was nicht sein durfte, also bekämpften sie die Legende. Für die Reformatoren war sie der Beweis für die Fehlbarkeit der Kirche – also glaubten sie dran. In neuerer Zeit haben Feministinnen sich der Päpstinnen-Legende bemächtigt, weil sie so schön ins Konzept passt, zuletzt verhalf Donna W. Cross der Legende mit ihrem Historienroman «Die Päpstin» zu neuer Popularität.

Johanna von Ingelheim soll angeblich ab 855 als Nachfolgerin von Leo IV. gut zwei Jahre unerkannt das Oberhaupt der christlichen Kirche gewesen sein. Der Schwindel sei aufgeflogen, als die Päpstin bei einer Prozession zu Pferde ein Kind gebar. Sie wurde auf der Stelle gesteinigt, und die Kirche säuberte Geschichtsbücher – sagt die Legende.

Auf das wichtigste Argument gegen die Existenz der Päpstin weist die Theologin Ines Gora von der Universität Tübingen hin: Es gibt keinerlei schriftliche Überlieferungen aus der Zeit selbst. Die ersten Geschichten über Johanna kamen im 13. Jahrhundert auf, fast gleichzeitig mit dem Erscheinen einer Chronik, die auf den Dominikanermönch Martinus Polonus zurückgeht.

Aber was ist mit dem berühmten Stuhl? Bis ins 16. Jahrhundert hinein mussten neu gewählte Päpste auf dem berüchtigten *sella stercoraria* Platz nehmen – einem Stuhl, der in der Mitte ein Loch hatte, ähnlich wie eine Toilette. Die Verfechter der Päpstinnen-Legende sagen: Mit diesem Stuhl wurde der angehende Papst auf seine männliche Vollständigkeit überprüft, weil die Kirche sich

eine derartige «Fehlbesetzung» wie mit Johanna nicht ein zweites Mal leisten wollte. Von der katholischen Kirche wurde das stets abgestritten. Sie behauptet lapidar, der Stuhl sei einfach schön, das Loch habe keine besondere Bedeutung. Auch wenn diese Erklärung nicht sehr befriedigend ist, wage ich an dieser Stelle das vorläufige Urteil «stimmt nicht». Ein Zweifel bleibt, das bestätigt auch Ines Gora.

Christoph Kolumbus glaubte bis an sein Lebensende, Indien und nicht Amerika entdeckt zu haben

Stimmt. Kolumbus war besessen von der Idee, den westlichen See-weg nach Indien zu finden. Sein Verdienst wird oft fälschlich darin gesehen, dass er als Erster die Kugelgestalt der Erde entdeckte und deshalb auf die Idee kam, sozusagen «hintenrum» die asiatischen Länder zu erreichen. Der Landweg galt als von den Muslimen ver-sperrt. Aber das stimmt nicht. Das Wissen, dass die Erde rund ist, war damals Allgemeingut (siehe Seite 190), und insbesondere die Portugiesen kannten den Umfang der Erde recht genau. Läge zwi-schen Europa und Asien tatsächlich nur Wasser und nicht Amerika, so betrüge die Distanz 20 000 Kilometer, ein unmögliches Unter-fangen für damalige Schiffe. Kolumbus dagegen verschätzte sich gewaltig und glaubte, nur 4000 Kilometer zurücklegen zu müssen. Seine fulminante Entdeckung von 1492, als er auf der Bahamas-Insel San Salvador landete, beruhte also auf einem großen Irrtum.

Ein Irrtum, von dem Kolumbus auch in seinen verbleibenden 14 Lebensjahren nicht abrückte, obwohl die Indizien dagegen im-mer zwingender wurden. Er unternahm drei weitere Reisen gen Westen und erkundete dabei die Küste Mittel- und Südamerikas: keine Spur von Japan oder Indien. Andere Seefahrer erforschten zu Kolumbus' Lebzeiten Nordamerika, Vasco da Gama umsegelte das Kap der Guten Hoffnung und fand den östlichen Seeweg nach In-dien. Für Kolumbus aber durfte nicht sein, was nicht sein konnte. Seine endgültige Widerlegung durch die Weltumseglung Magel-lans im Jahr 1522 erlebte er nicht mehr.

Luther sagte: «Was rülpset und furzet ihr nicht, hat es euch nicht geschmacket?»

Stimmt nicht. Eine Menge Sprüche sind angeblich vom Reformator überliefert. Doch die meisten wurden ihm erst nachträglich zugeschrieben. So ist es mit den Worten: «Hier stehe ich und kann nicht anders!», die er auf dem Reichstag zu Worms ausgerufen haben soll, als er sich weigerte, seine Thesen zu widerrufen. So ist es mit dem Ausspruch: «Wenn ich wüsste, dass morgen die Welt unterginge, würde ich heute ein Apfelbäumchen pflanzen», der erst seit dem vergangenen Jahrhundert kursiert. Und so ist es mit dem deftigen Tischspruch. Helmar Junghans, emeritierter Luther-Experte von der Universität Leipzig, führt die Flut angeblicher Luther-Zitate darauf zurück, dass vor allem im 18. Jahrhundert «manche Kreise ihren Lebensstil mit Luther-Zitaten belegen wollten». Das sieht man auch sehr schön an dem nicht nachgewiesenen Spruch «Wer nicht liebt Wein, Weib und Gesang, der bleibt ein Narr sein Leben lang.» Wer nach einem deftigen Luther-Zitat sucht, das tatsächlich belegbar ist, der findet vielleicht an diesem Gefallen: «Wenn ich hier einen Furz lasse, dann riecht man das in Rom.»

Gutenberg hat den Buchdruck mit beweglichen Lettern erfunden

Stimmt nicht. Auch beim Buchdruck hatten die Chinesen die Nase vorn, wie schon beim Papier und beim Schießpulver. Sogar der Name des chinesischen Gutenberg ist bekannt: Bi Sheng hieß er, und er machte seine Erfindung um das Jahr 1040 – etwa 400 Jahre vor dem Mainzer.

Die Chinesen waren schon lange große Meister der Druckkunst. Den Holztafeldruck, bei dem jede Seite spiegelverkehrt in einen hölzernen Block geschnitten wurde, beherrschten sie bereits seit dem 7. Jahrhundert. Bi Sheng experimentierte dann mit «Lettern» aus Ton, die mit Wachs in einer Eisenform fixiert wurden.

Allerdings konnte sich diese Art des Buchdrucks in China lange Zeit nicht durchsetzen. Der Hauptgrund: Es gibt im Chinesischen einfach zu viele Schriftzeichen, die im Setzkasten vorrätig zu halten wären. Deshalb ist es auch unwahrscheinlich, dass Johannes Gensfleisch zum Gutenberg von der chinesischen Druckerkunst wusste, als er 1455 seine berühmte Bibel druckte.

Aber auch in Europa war Gutenberg kein einzigartiger Erfinder. Die Idee mit den beweglichen Lettern scheint im 15. Jahrhundert regelrecht in der Luft gelegen zu haben: Auch der aus Prag stammende Goldschmied Prokop Waldvogel, der in der Papststadt Avignon wirkte, und der Holländer Laurens Janszoon experimentierten damit. So können sich mehrere Nationen auf «ihren» Gutenberg berufen.

Adlige hatten früher ein «Recht der ersten Nacht»

Stimmt nicht. Auch wenn das «ius primae noctis» sogar in die Weltliteratur Einzug gefunden hat. So kreist Beaumarchais' Geschichte von der Hochzeit des Figaro, literarische Vorlage für die gleichnamige Mozart-Oper, um dieses fürstliche Recht.

Die Frage ist nicht, ob es in früheren Jahrhunderten Übergriffe der Gutsherren auf die leibeigenen Bauern gab – sicherlich waren damals Vergewaltigungen häufig. Auch mussten sich die Bauern oft die Zustimmung zur Ehe von ihren Herren erkaufen. Aber war das «ius primae noctis» ein verbrieftes Recht? Fast alle Indizien sprechen dagegen.

Es beginnt schon damit, dass die Jungfräulichkeit in der christlichen, vor allem katholischen Lehre regelrechten Kultstatus hat. Die Entjungferung einem anderen als dem rechtmäßigen Ehemann zuzugestehen, passt nicht dazu. Und als sich die Bauern im 16. Jahrhundert erhoben, forderten sie die Abschaffung von allerlei Ungerechtigkeiten – der Raub der Jungfräulichkeit durch die Grundherren war nicht darunter.

Und schließlich mangelt es einfach an Belegen. Die Historiker wurden nur in der kleinen Schweizer Gemeinde Maur fündig. Dort gab es früher tatsächlich das Recht des Meiers (also des Bürgermeisters), mit jeder Braut der Gemeinde die Hochzeitsnacht zu verbringen. Man glaubt aber nicht, dass davon wirklich Gebrauch gemacht wurde.

Fazit des «Handwörterbuchs zur deutschen Rechtsgeschichte»: Ein Privileg des Grundherrn auf Beiwohnung in der Brautnacht einer Grundhörigen hat niemals existiert. Es ist wohl eine nicht auszurottende Männerphantasie.

Das Hornberger Schießen hat tatsächlich stattgefunden

Stimmt nicht. Wenn wir sagen, etwas sei ausgegangen wie das Hornberger Schießen, dann reden wir von Ereignissen wie etwa politischen Gipfeltreffen, um die viel Lärm gemacht wird, bei denen aber am Ende wenig herauskommt. Sogar bei Schiller wird es zitiert. In den «Räubern» sagt im 1. Akt Spiegelberg zum Räuber Moor: «Da ging's aus wie's Schießen zu Hornberg und mussten abziehen mit langer Nase.»

Das Städtchen Hornberg liegt im Badischen. Alljährlich wird dort das historische Hornberger Schießen als Freilichtspiel aufgeführt, im Jahr 2005 zum 50. Mal. Es handelt von einer Begebenheit, die auf das Jahr 1564 datiert wird. Der Herzog von Württemberg (damals gehörte die Stadt noch zu seinem Machtbereich) hatte sich angekündigt, und die Hornberger wollten ihn mit Salutschüssen begrüßen. Als der Stadtwächter in der Ferne eine Staubwolke ausmachte, begann das Böllern – aber es handelte sich nur um einen Hirten mit seiner Herde. Dann begrüßte man irrtümlich einen fahrenden Händler mit seinem Eselskarren. Als schließlich der wirkliche Herzog durchs Stadttor zog, hatten die Hornberger ihr Pulver verschossen und mussten ihn mit kräftigen «Piff-Paff»-Rufen empfangen. Beim heutigen Festspiel übernimmt die örtliche Feuerwehr das Böllerschießen.

Die Hornberger erzählen noch eine zweite Version. Im Jahr 1519 sollen die benachbarten Villinger die Stadt angegriffen haben. Die Verteidiger «begannen ein mörderisches Schießen, dass die Äste von den Bäumen spritzten», wie ein späterer Chronist schreibt, trafen aber so schlecht, dass die Villinger nur warten mussten, bis die Munition alle war, und die Stadt einnehmen konnten. Obwohl beide Begebenheiten mit genauen Jahreszahlen versehen sind, ist keine wirklich historisch belegt. «Eine von beiden ist aber bestimmt wahr», heißt es im Hornberger Fremdenverkehrsamt. Doch in der Wissenschaft wird aus zwei schlechten Quellen nicht eine gute. Deshalb muss das Urteil vorerst lauten: Nette Geschichten, aber wohl eher Legenden.

«Vertrauen ist gut, Kontrolle ist besser», sagte Lenin

Stimmt nicht. «Vertrauen ist gut, Kontrolle ist besser», «Misstrauen ist gut, Kontrolle ist besser» – es gibt mehrere Versionen dieses angeblichen Lenin-Zitats, und sie alle haben, wie viele bekannte Zitate, eines gemeinsam: Sie sind nicht zu belegen. Natürlich ist es unmöglich zu beweisen, dass jemand etwas *nicht* gesagt hat – es läuft ja nicht ständig ein Tonband mit, nicht mal im Leben von berühmten Leuten. Deshalb kann man nur sagen: In den schriftlichen Werken Lenins und in den Berichten über seine Reden ist das Zitat nicht zu finden. Reclams Zitaten-Lexikon schreibt, der Satz sei «die schlagworthafte Verkürzung einer Überzeugung, wie sie Lenin mehrfach geäußert hat», und zitiert aus dem 1914 verfassten Aufsatz «Über Abenteurertum»: «Nicht aufs Wort glauben, aufs strengste prüfen – das ist die Losung der marxistischen Arbeiter.» Büchmanns Geflügelte Worte kommen der Sache schon näher. Sie verweisen auf eine alte russische Redewendung, die zu Lenins Lieblingssätzen gezählt haben soll: «Dowjerjaj, no prowjerjaj» – «Vertraue, aber prüfe nach.» Woran man mal wieder sieht: Die schönsten Zitate sind von den Menschen, denen sie zugeschrieben werden, so nie gesagt worden. Sie werden ihnen in den Mund gelegt, weil sie doch wirklich zu schön gepasst hätten.

Marie Antoinette sagte, wenn die Armen kein Brot hätten, sollten sie doch Kuchen essen

Stimmt nicht. Der französische Schriftsteller und Moralist Jean-Jacques Rousseau prangerte gern die Dekadenz und den Sittenverfall des Adels an, der in Saus und Braus lebte, während das Volk darbte – eine jener Ungerechtigkeiten, die schließlich zur Französischen Revolution führten. In seinen «Bekenntnissen» schrieb er, dass «eine große Prinzessin angab, als man ihr sagte, die Bauern hätten kein Brot ... ‹So mögen sie Kuchen essen›».

Rousseau schrieb diese empörten Zeilen um das Jahr 1766. Marie Antoinette war zu der Zeit eine zehnjährige Prinzessin und lebte als Tochter von Kaiser Franz I. und Maria Theresia am Hof in Wien – wohl kaum die «große Prinzessin», von der Rousseau berichtet, zumal der Dichter sich auf eine Begebenheit bezieht, die sich noch einige Jahrzehnte früher zugetragen haben soll. Da Rousseau die Anekdote nicht weiter belegt, wird es für Historiker wohl immer rätselhaft bleiben, ob sie wahr ist oder ein Ausfluss dichterischer Fantasie. Aber eines ist nachweisbar: Von Marie Antoinette stammt der Ausspruch nicht.

Dabei hätte er zumindest zu der späteren Königin ganz gepasst. Marie Antoinette heiratete mit 14 Jahren den französischen Thronerben Louis-Auguste, den späteren König Ludwig XVI. Mit ihrem verschwenderischen Lebensstil machte sie sich nicht nur beim Volk verhasst, auch am Hof war sie umstritten, zumal sie ja keine Französin war. Und so waren es wohl politische Gegner, die am Vorabend der Revolution das angebliche Zitat in Umlauf brachten: *S'ils n'ont pas de pain, qu'ils mangent de la brioche!* Ein weiteres Beispiel also aus der Kategorie «falsch, aber gut erfunden». 1793 machten die Revolutionäre der «Witwe Capet» den Prozess, und am 16. Oktober wurde sie mit der Guillotine hingerichtet, wie zuvor schon ihr Ehemann.

Napoleon hat den Rechtsverkehr nur eingeführt, um auf einer anderen Straßenseite zu fahren als die Engländer

Stimmt nicht. Sowohl der Rechts- als auch der Linksverkehr haben uralte Wurzeln, erklärt Hans Straßl, Oberkurator beim Deutschen Museum in München. Und interessanterweise gehen beide darauf zurück, dass die meisten Menschen Rechtshänder sind.

Ob Links- oder Rechtsverkehr – früher wurde nicht vorgeschrieben, wo man zu fahren hatte, sondern es gab Ausweichregeln: Wie vermeiden zwei einander entgegenkommende Fahrzeuge oder Schiffe den Zusammenstoß? Der Rechtsverkehr hat seine Wurzeln in der Schifffahrt. «Wenn sich ein Mensch auf einen Baumstamm setzt, dann paddelt er meist auf der rechten Seite», sagt Straßl. Daher auch das Wort «Steuerbord». Begegnen sich zwei Paddler, dann ist es sinnvoll, nach rechts auszuweichen, damit sich die Paddel nicht in die Quere kommen. Man kann sich auch gut am rechten Ufer abstoßen. Auf praktisch allen Wasserstraßen der Welt herrscht seit Jahrhunderten Rechtsverkehr.

Den Linksverkehr prägten die Pferdefuhrwerke: Rechtshänder führten stets das Pferd mit der rechten Hand. Außerdem ging man dabei am liebsten am Straßenrand – nicht nur wegen des Gegenverkehrs, sondern auch, weil die «Straßen» früher recht schmutzige und teilweise schlammige Wege waren.

Der Rechtsverkehr setzte sich in Ländern mit starker Binnenschifffahrt wie Deutschland und Frankreich durch. In England und einigen anderen Ländern siegte der Linksverkehr. Im 18. und 19. Jahrhundert wurden dann die Fahrregeln gesetzlich fixiert. Napoleon schrieb nur fest, was in Frankreich seit der Römerzeit Brauch war. Er führte die Regel übrigens auch in Linksfahrländern wie Österreich und Ungarn ein. Sofort nach Abzug der französischen Truppen schwenkten diese Länder wieder nach links – bis zur Besetzung durch die Nazis im Jahr 1938, als auch dort endgültig der Rechtsverkehr festgeschrieben wurde.

Die Idee von der «Religion als Opium des Volkes» stammt von Karl Marx

Stimmt nicht. Marx schrieb 1844 in der «Kritik der Hegel'schen Rechtsphilosophie»: «Die Religion ist der Seufzer der bedrängten Kreatur, das Gemüt einer herzlosen Welt, wie sie der Geist geistloser Zustände ist. Sie ist das Opium des Volkes.» Das Volk berauscht sich also selbst und bekommt das Gift nicht verabreicht, wie es die manchmal zitierte Wendung «Opium für das Volk» suggeriert.

Und tatsächlich stammt die Idee von der Religion als Rauschdroge nicht von Marx selbst. Der Revolutionär war gut mit Heinrich Heine befreundet. Die beiden lernten sich 1843 kennen. Man kann daher davon ausgehen, dass Marx Heines «Denkschrift für Ludwig Börne» gut kannte, die im Jahr 1840 veröffentlicht wurde.

Und darin heißt es sarkastisch: «Heil einer Religion, die dem leidenden Menschengeschlecht in den bittern Kelch einige süße, einschläfernde Tropfen goss, geistiges Opium, einige Tropfen Liebe, Hoffnung und Glauben!» Marx hat Heines Gedanken also aufgegriffen und noch einmal polemisch zugespitzt.

Aber auch Heine und Börne waren nicht die Ersten, die das damals populäre Heil- und Rauschmittel Opium mit der Religion in Verbindung brachten. Der Dichter Novalis schrieb 1798 in seiner Abhandlung «Blütenstaub» über das Wesen der Philister: «Ihre sogenannte Religion wirkt blos, wie ein Opiat: reizend, betäubend, Schmerzen aus Schwäche stillend. Ihre Früh- und Abendgebete sind ihnen, wie Frühstück und Abendbrot, nothwendig. Sie können's nicht mehr lassen.»

«Made in Germany» wurde von den Engländern eingeführt, um minderwertige deutsche Produkte zu kennzeichnen

Stimmt. Deutschland war Ende des 19. Jahrhunderts sozusagen der ferne Osten Großbritanniens: Die Löhne waren niedriger, die Arbeitszeiten länger, man kupferte Produkte der alteingesessenen Industrienation England ab. Die britischen Fabrikanten fühlten sich bedroht durch billigere und, wie sie meinten, minderwertige Produkte aus Deutschland.

1887 schließlich hatte das britische Parlament die Nase voll und beschloss, sich gegen die Konkurrenz aus dem Billiglohnland zu wehren: Der «Merchandise Marks Act» wurde beschlossen, fortan mussten in Deutschland hergestellte Produkte mit der Kennzeichnung «Made in Germany» versehen werden. Im Ersten Weltkrieg dehnte man diese Bestimmung auch auf andere Länder aus, es gab dann auch Bezeichnungen wie «Made in Austria/Hungary».

Am Anfang galt das Zeichen noch als Makel und wurde teilweise sehr verschämt an den Produkten angebracht. So wird erzählt, dass ein deutscher Nähmaschinenhersteller den «Made in Germany»-Schriftzug an der Unterseite des Fußtrittes anbrachte. Erst im Lauf der Jahre wurde aus der Diskriminierung ein Qualitätsmerkmal und «Made in Germany» zum Synonym für «deutsche Wertarbeit».

Es gibt übrigens keine Instanz, die dieses Prädikat verleiht, und deshalb auch keine Definition, was es überhaupt bedeutet. Heute werden viele «Made in Germany»-Produkte nur noch in Deutschland zusammengebaut, während die Einzelteile im Ausland produziert werden.

Dass der Weihnachtsmann heute ein rot-weißes Gewand trägt, geht auf eine Werbekampagne von Coca-Cola zurück

Stimmt nicht. Auch wenn sich die Limonadenfirma selbst gerne damit brüstet.

Die Figur des Weihnachtsmanns hat sich ganz allmählich zu dem heutigen Stereotyp entwickelt. Der heilige Nikolaus wurde schon in vergangenen Jahrhunderten in Europa als Geschenkebringer verehrt, allerdings immer als hochgewachsene, ernste Bischofsfigur mit Gewändern in ganz unterschiedlichen Farben. Als holländischer «Sinter Klaas» gelangte er nach Amerika und dort beschrieb ihn 1821 der Dichter Clement C. Moore in seinem Gedicht «A Visit from St. Nicholas» erstmals als kleines, fröhliches Dickerchen – allerdings in Elfengröße. Illustratoren wie Thomas Nast zeichneten «Santa Claus» dann schon in den achtziger Jahren des vorigen Jahrhunderts in der Gestalt, die wir heute kennen, allerdings konnte man auf den schwarzweißen Drucken die Farbe nicht ausmachen.

In den zwanziger Jahren schließlich begann das heute übliche rot-weiße Weihnachtsmanndress über die anderen Farben zu dominieren. Am 27. 11. 1927 schrieb die *New York Times*: «Ein standardisierter Santa Claus erscheint den New Yorker Kindern. Größe, Gewicht, Statur sind ebenso vereinheitlicht wie das rote Gewand, die Mütze und der weiße Bart.» Und das war eindeutig vor der ersten Coca-Cola-Werbung mit dem Weihnachtsmann. Die erschien nämlich erst 1931, entworfen von dem Grafiker Haddon Sundblom. Aber sicherlich haben die alljährlichen Werbefeldzüge zur Verbreitung des Einheitsweihnachtsmannes beigetragen.

Adolf Hitler ließ die erste deutsche Autobahn bauen

Stimmt nicht. Die erste deutsche, ja sogar die erste europäische Autobahn war die zwischen Köln und Bonn, die heutige A 555. Das 20 Kilometer lange, kreuzungsfreie Straßenstück, das stolze 8,6 Millionen Reichsmark kostete, wurde am 6. August 1932 mit einer Sternfahrt eröffnet, an der sich 2000 Kraftfahrer aus ganz Europa beteiligten. Die Einweihung zelebrierte übrigens der damalige Oberbürgermeister von Köln – Konrad Adenauer.

Die Pläne zum Bau des Autobahnnetzes wurden bereits in den zwanziger Jahren entwickelt, also lange bevor Hitler an die Macht kam. Insgesamt war der Bau von 22 500 Kilometer Autobahn vorgesehen, bevor die Wirtschaftskrise den Plänen ein Ende setzte. Lediglich die Rheinprovinz arbeitete weiter an den Plänen.

Auch die Idee, den Autobahnbau als Beschäftigungsprogramm zu nutzen, stammte nicht von Hitler. Die Hälfte der Kosten für die Köln-Bonner Autobahn wurde aus der Erwerbslosenfürsorge bestritten und die Baufirmen waren angewiesen, alle Arbeiten ohne Bagger und Förderbänder in personalintensiver Handarbeit durchzuführen.

Hitler kündigte sein Autobahnprogramm im Mai 1933 an. Da war das geplante Netz schon auf 6900 Kilometer Länge geschrumpft. Und der tatsächliche Arbeitsbeschaffungseffekt war eher gering: Es waren nie mehr als 124 000 Arbeiter beschäftigt – Reichsautobahninspektor Fritz Todt hatte 600 000 Arbeitsplätze versprochen. Bis 1945 wurden dann tatsächlich 3800 Kilometer Autobahn gebaut. Zum Vergleich: Heute hat das deutsche Autobahnnetz 11 300 Kilometer.

Adolf Hitler war Vegetarier

Stimmt. Es kommt allerdings ein bisschen darauf an, wie man Vegetarier definiert. Tatsächlich hat der Diktator zumindest nach 1930 kaum noch Fleisch gegessen. Das hatte wohl vor allem mit chronischen Verdauungsbeschwerden zu tun. Das «Medical Casebook of Adolf Hitler» von Leonard und Renate Heston beschreibt drastisch, dass Hitler oft nach dem Essen von Krämpfen geplagt wurde. Gewöhnlich verließ er dann den Raum, manchmal begleitet von Flüchen, wie Albert Speer beschrieb. Nach der Versuch-und-Irrtum-Methode entwickelte er nach und nach «eine exzentrische Diät», «die fast vegetarisch war». Müsli und Rohkost waren seine Hauptnahrung. Auch wenn andere Quellen von dem einen oder anderen Würstchen oder Täubchen berichten, kann man wohl sagen, dass Hitler sich vegetarisch ernährte.

Die andere Frage ist, ob diese Ernährung neben dem praktischen auch einen weltanschaulichen Hintergrund hatte. Hitler-Biograph Robert Payne hält das Bild vom vegetarischen, nicht rauchenden und asketisch lebenden Führer für ein Propagandakonstrukt, das vor allem von Goebbels gepflegt wurde. Tatsächlich hat es in der Nazizeit nie öffentliche Aktionen gegen den Fleischkonsum gegeben (im Gegensatz zu massiven Antiraucherkampagnen). Die Vegetarierorganisationen hatten sogar unter Repressalien zu leiden. Andererseits wäre Hitler nicht Hitler gewesen, hätte er nicht auch noch seine Ernährungsweise mit einer selbst gestrickten Theorie ideologisch überhöht. In seiner medizinischen Biographie «Patient Hitler» zitiert Ernst Günther Schenck Passagen wie diese aus Hitlers Monologen im Führerhauptquartier: «Ich glaube, dass der Mensch zum Fleisch gekommen ist, weil die Eiszeit ihn in Not gebracht hat. Zugleich kam er zum Kochen, was sich heute schädlich auswirkt.»

Vegetarierorganisationen wehren sich vehement gegen den Vorwurf, Hitler sei einer der Ihren gewesen. Sie sollten es gelassen sehen wie der Vegetarier und radikale Tierschützer Peter Singer, der lapidar kontert: «Die Tatsache, dass Hitler eine Nase hatte, bedeutet ja auch nicht, dass wir uns die Nase abschneiden müssen.»

Der Begriff «Eiserner Vorhang» stammt von Churchill

Stimmt nicht. Nach der Legende soll Churchill den Ausdruck 1946 geprägt haben, aber ein Leser schrieb mir, seine Schwieger-Groß-mutter habe bereits 1945 einen Brief aus Leipzig geschrieben, in dem es hieß: «Mir ist es ein furchtbarer Gedanke, hinter dem ei-sernen Vorhang der Russen zu sitzen und womöglich nie mehr zu Euch zu gelangen.»

Vielleicht war die Dame eine Leserin der Wochenzeitung *Das Reich*. In der prophezeite nämlich am 25. Februar 1945 kein ande-rer als der Propagandaminister Joseph Goebbels, dass die Sowjet-union im Falle einer Kapitulation Deutschlands große Teile Ost- und Südosteuropas und auch Deutschlands besetzen würde – und ein «eiserner Vorhang» sich über Europa senken werde. Der Text erschien auch in der Londoner *Times* (mit der falschen Übersetz-zung *iron screen* statt *iron curtain*). Churchill hat ihn ganz gewiss gelesen und den Begriff spätestens zu diesem Zeitpunkt in seinen Wortschatz aufgenommen. Schon im Mai oder Juni 1945 benutzte er ihn in einem Telegramm an den amerikanischen Präsidenten Harry S. Truman – nicht erst in seiner Rede vom März 1946, die in vielen Lexika zitiert wird.

Aber auch Goebbels ist nicht der Schöpfer dieser Metapher. Der Begriff stammt aus dem Theater, er bezeichnet einen Feuer-schutzvorhang, der hinter dem Hauptvorhang heruntergelassen wird, wenn die Vorstellung zu Ende ist. Und er wurde schon im Jahr 1918 von dem russischen Autor Wassilij Rosanow benutzt, um die Isolation der Sowjetunion vom Rest Europas zu beschrei-ben. Rosanow schrieb damals in seinem Buch «Die Apokalypse unserer Zeit»: «Unter Rasseln, Knarren und Kreischen senkt sich ein eiserner Vorhang auf die russische Geschichte herab. Die Vor-stellung geht zu Ende.»

Winston Churchill hat gesagt: «Ich glaube nur Statistiken, die ich selbst gefälscht habe»

Stimmt nicht. «Ich glaube nur an Zitate, die ich selbst erfunden habe», möchte ich fast sagen. Hier haben wir jedenfalls mal wieder eines, das mit großer Wahrscheinlichkeit falsch ist, sich jedenfalls nicht belegen lässt. In diesem Fall kann man noch nicht einmal sagen, dass es «gut erfunden» wäre.

Werner Barke, ein Mitarbeiter des Statistischen Landesamts Baden-Württemberg, forscht seit Jahren dem angeblichen Churchill-Zitat hinterher, wohl auch, weil es an der Berufsehre der Statistiker kratzt. Und er hat einiges herausgefunden: Während der Ausspruch bei uns häufig und gern zitiert wird, ist er den Engländern gänzlich unbekannt. Wen Barke auch fragte: Das Statistische Amt von Großbritannien, die Redaktion der *Times* – niemand kannte ihn.

Das ist natürlich seltsam und deutet auf eine deutsche Quelle hin. Barke machte sie im Reichspropagandaministerium der Nazizeit aus. Denn im Zweiten Weltkrieg fand neben der realen auch eine publizistische Schlacht zwischen Deutschland und England statt, und die wurde auch mit Zahlenangaben ausgetragen. Joseph Goebbels wies die Zeitungen mehrmals an, die englische Presse und insbesondere Churchill als Lügner hinzustellen, die mit falschen Zahlen über Bomben und Opfer Propaganda machten. So befahl Goebbels der Presse am 7. Oktober 1940: «Jeden Tag … soll sie die hoffnungslose Lage Englands schildern und zeigen, wie sich in jeder aus England kommenden Meldung die Bluff-Politik Churchills offenbart.» Die gleichgeschalteten Medien folgten diesen Anweisungen brav. Der *Völkische Beobachter* brachte fast täglich entsprechende Schlagzeilen: «Zahlenakrobat Churchill», «Churchills Zweckstatistik», «Jede britische Bombe fünfzehnfach vergolten – Amtliche Zahlen widerlegen Illusionsschwindel». Unklar bleibt aber weiterhin, wo das angebliche Zitat zum ersten Mal auftauchte.

Der englische Premier war jedenfalls kein Feind der Statistik. Im Gegenteil: Er richtete sogar in der Admiralität eine eigene Statistische Sektion ein, die ihn ständig mit Zahlenmaterial versorgte. Denn Winston Churchill glaubte an die Wichtigkeit objektiver Informationen. «Du musst die Tatsachen anschauen, denn sie schauen dich an!», sagte er 1925 – das ist belegt.

Bundespräsident Heinrich Lübke hat bei einem Staatsbesuch in Afrika eine Rede mit den Worten begonnen: «Sehr geehrte Damen und Herren, liebe Neger!»

Stimmt nicht. Wobei das wieder die bei Zitaten übliche Antwort ist: bis zum Nachweis des Gegenteils. Ich habe das Bundespräsidialamt angerufen, mit Heinrich Lübkes Biographen gesprochen, mehrere Rundfunkarchive durchforsten lassen und Afrikaexperten befragt. Ergebnis: Jeder kennt das Zitat, die meisten hätten es Lübke auch zugetraut, es wird von manchen sogar genau datiert auf einen Staatsbesuch in Liberia im Jahr 1962 – aber es gibt keinen Beleg dafür!

Das berühmte Zitat findet sich weder auf der Schallplatte «… redet für Deutschland» noch in dem Bändchen «Worte des Vorsitzenden Heinrich». Wolfgang Koßmann vom Bundespresseamt, der selbst seit Jahren nach einer Quelle forscht, hält den Ausspruch denn auch für «gut erfunden».

Schließlich hat das Exstaatsoberhaupt gerade in Entwicklungsländern kaum ein Fettnäpfchen ausgelassen, etwa als er in der madagassischen Hauptstadt Tananarive (heute Antananarivo) eine Rede mit den Worten «Sehr geehrter Herr Präsident, sehr geehrte Frau Tananarive!» begann und später über das Land sagte: «Die Leute müssen ja auch mal lernen, dass sie sauber werden.»

Muss man Lübke demnach als üblen Rassisten einstufen? Da widerspricht der Filmemacher Martin Baer, Autor der Dokumentation «Befreien Sie Afrika!», vehement: «Mit seinen Afrikareisen wollte er die Hilfe für die damals nach Unabhängigkeit strebenden oder gerade unabhängig werdenden Länder fördern.» Wenn Lübke also zu mauretanischen Abgesandten sagte: «Ich wünsche Ihnen eine gute Entwicklung da unten», dann klingt das für unsere Ohren vielleicht unerträglich paternalistisch, aber es kam gewiss von Herzen.

Trotz vieler Reisen blieben die fernen Länder Lübke immer fremd. So war er im April 1967 froh, in die Heimat zurückzukehren: «Nach meiner Asienreise hat mich die frische, raue Luft des Sauerlands umgeschmissen.»

Beim Betreten des Mondes stolperte Neil Armstrong über seine berühmten ersten Worte

Stimmt. Tatsächlich gibt es einige Verwirrung über die berühmten Worte, die Armstrong vor genau 30 Jahren gesprochen hat. Es gibt ein Gerücht, nach dem der Spruch von dem Schriftsteller Norman Mailer erdacht worden sei. Das streitet Armstrong jedoch ab: «Ich habe vorher drüber nachgedacht. Es war weder völlig spontan, noch war es geplant. Es hat sich im Verlauf des Fluges entwickelt und die endgültige Entscheidung habe ich erst auf dem Mond getroffen, kurz bevor ich das Landefahrzeug verließ.» So war er also auf den schönen Satz gekommen: «Dies ist ein kleiner Schritt für einen Menschen, aber ein riesiger Sprung für die Menschheit.» («That's one small step for a man, one giant leap for mankind.») In der verständlichen Aufregung verdarb er sich dann aber seine Pointe und sagte: «One small step for man» – auf Deutsch: «Ein kleiner Schritt für den Menschen». Ich habe mir den Tonmitschnitt noch einmal angehört – ein Zweifel ist unmöglich.

Die NASA-Oberen wollten den historischen Spruch wohl retten und bestanden auch nach drängenden Fragen von Journalisten darauf, dass Armstrong «a» gesagt habe. Erst Jahre später gab man zu, dass man den Mondpionier behutsam korrigiert hatte.

An dieser Stelle können wir dann auch gleich eine andere Legende aufklären. Armstrong soll bei der Mondlandung gesagt haben: «Viel Glück, Mr. Gorsky!» Der Hintergrund: Der kleine Neil spielte als Kind im Garten mit seinem Bruder Ball. Der Ball landete vor dem Schlafzimmerfenster der Nachbarn, Familie Gorsky. Armstrong lief hin und hörte, wie Frau Gorsky zu ihrem Mann sagte: «Oralsex? Du willst Oralsex? Den bekommst du, wenn der Nachbarsjunge auf dem Mond ist!» Dazu ist zu sagen: Der Satz ist während der gesamten Appollo-Mission niemals gefallen und auch Armstrong hat die Legende stets dementiert.

222

Michail Gorbatschow sagte im Herbst 1989: «Wer zu spät kommt, den bestraft das Leben.»

Stimmt nicht. Jedenfalls ist das Zitat nicht in der Öffentlichkeit gefallen. Bei Jubiläen, wie kürzlich beim zehnten Jahrestag des Mauerfalls, erinnert man sich gern an die berühmten Sprüche – und muss oft feststellen, dass sie so nicht gefallen sind. Auch Gorbatschows Zitat wurde im Nachhinein wohl «begradigt». Ein Mitschnitt der *Aktuellen Kamera* des DDR-Fernsehens vom 5. Oktober 1989 zeigt, wie Gorbatschow auf dem Flughafen Berlin-Schönefeld von Erich Honecker zur 40-Jahr-Feier der DDR empfangen wird. Die Situation im Ostteil Deutschlands war damals gespannt: Überall in der DDR begehrten die Bürger auf und der Perestroika-Reformer Gorbatschow war für viele eine Leitfigur. Journalisten umringten den Staatsmann und wollten wissen, ob die Politik der Sowjetunion ein Vorbild für die DDR sein könnte. Der Dolmetscher kam kaum noch mit, die Antworten des sowjetischen Parteichefs zu übersetzen. Bei dieser Gelegenheit fiel dann der Satz: «Ich glaube, Gefahren warten nur auf jene, die nicht auf das Leben reagieren.»

So weit die etwas holprige, aber immerhin öffentlich dokumentierte Redewendung. In seinen Memoiren schreibt Gorbatschow, er habe zwei Tage später Honecker in einem Vieraugengespräch gesagt: «Das Leben verlangt mutige Entscheidungen. Wer zu spät kommt, den bestraft das Leben.» Vielleicht hat er tatsächlich zwei Tage an dem Spruch gefeilt, bis er schließlich griffig genug war. Nachprüfen kann man's nicht.

Leibesübungen

Der blaue Ring auf der olympischen Flagge steht für Europa

Stimmt nicht. Pierre de Coubertin, der Vater der Olympischen Spiele der Neuzeit, hat das Symbol aus fünf verschlungenen Ringen selbst entworfen und handkoloriert. Das war im Jahr 1913. Dann kam der Erste Weltkrieg, die Spiele von 1916 fielen aus, und erst 1920 in Antwerpen wehte die weiße Fahne mit den Ringen in den Farben Blau, Gelb, Schwarz, Grün und Rot zum ersten Mal über dem olympischen Stadion.

«Ihre Gestalt ist symbolisch zu verstehen», schrieb de Coubertin 1931 über die Fahne, «sie stellt die fünf Erdteile dar, die in der Olympischen Bewegung vereint sind; ihre sechs Farben entsprechen denen sämtlicher Nationalflaggen der heutigen Welt.» Daraus wird klar: Zwar stellen die Ringe die Kontinente dar, aber es wurde nicht jedem Kontinent eine Farbe zugeordnet. Die Farben (die fünf Ringe plus der weiße Hintergrund) wurden so gewählt, dass in jeder Nationalflagge mindestens eine von ihnen vorkommt.

Pierre de Coubertin bewies historische Weitsicht, als er die weiße Hintergrundfarbe mit einbezog. Inzwischen gibt es nämlich erheblich mehr Staaten auf dem Globus als damals, und einige davon haben Flaggen, in denen keine der fünf «bunten» Farben vorkommt – etwa Qatar, dessen Flagge braun-weiß ist. So aber gilt de Coubertins Prinzip bis heute.

Beim langsamen Joggen wird mehr Fett abgebaut als beim schnellen Laufen

Stimmt nicht. Es wäre zu schön: Je weniger man sich anstrengt, umso schneller schmelzen die Pfunde dahin! Das widerspricht leider sämtlichen Gesetzen der Physik, wird aber immer wieder in Ratgebern oder auch in Fitness-Studios verbreitet. Die Ursache der Legende ist meist eine Verwechslung von relativem und absolutem Anteil der Fettverbrennung am Energieverbrauch.

Bei langsamer Aktivität und geringer Pulsfrequenz holt sich der Körper fast die gesamte Energie aus der Verbrennung von Fett. Das ist ein recht komplizierter und langwieriger chemischer Prozess, der aber sehr viel Energie liefert. Wenn die Belastung ansteigt und der Fettstoffwechsel zu langsam ist, greift der Körper auf zwischengespeicherte Kohlenhydrate zurück, die sich schneller in verfügbare Energie umsetzen lassen. Dabei verbrennt er aber zunächst nicht weniger Fett, sondern genauso viel oder sogar noch mehr; lediglich der Anteil der Fettverbrennung am Gesamtenergieumsatz sinkt auf etwa die Hälfte. Die maximale Fettverbrennung findet bei etwa 75 Prozent der maximalen Herzfrequenz statt, danach geht sie leicht zurück. Beim langsamen «Fettstoffwechseltraining» werden also nicht mehr Fettpolster abgebaut als beim kräftigen Laufen.

Nach dem Sport muss sich der Körper regenerieren – und nutzt dafür ebenfalls die Fettreserven. Man darf also nicht nur die Energiebilanz während des Trainings selbst betrachten.

Letztlich ist und bleibt die Rechnung eben doch ganz simpel: Der Mensch nimmt ab, wenn er mehr Energie verbraucht, als er dem Körper über die Nahrung zuführt. Und eine Stunde Joggen bei hohem Puls ist immer noch energieaufwendiger als eine Stunde Walken.

Auch die Ratschläge für den richtigen Puls beim Laufen haben wenig mit dem Fett zu tun – es sind mehr oder weniger sinnvolle Orientierungswerte, die vor allem den Anfänger davon abhalten sollen, seinem Körper zu viel zuzumuten und die Herzfrequenz nicht gleich in schwindelnde Höhen zu treiben.

Muskelkater entsteht, wenn in den Muskeln Milchsäure abgebaut wird

Stimmt nicht. Die Legende von der Milchsäure wird in vielen Ratgebern verbreitet, zusammen mit der Empfehlung, die schmerzenden Muskelpartien weiter zu belasten, um die Säure schneller abzubauen. In Wahrheit aber sind feinste Risse in den Muskeln die Ursache des Muskelkaters. Regelrechte Verletzungen also, die man am besten heilen lässt, anstatt die Muskeln weiter zu quälen.

Zwar gibt es die Milchsäure tatsächlich, und sie wird auch bei ausdauernder Kraftanstrengung im Körper produziert. Trotzdem gibt es keine Anhaltspunkte, dass sie den Muskelkater auslöst. Dieter Böning, Sportwissenschaftler an der FU Berlin, widerlegt das mit dem folgenden Argument: Der stärkste Kater entsteht, wenn der Muskel eine «exzentrische Kontraktion» durchführt, sich also gegen eine Überdehnung aktiv wehrt – etwa beim Bergabgehen im Gebirge. Just dabei ist aber die Milchsäureproduktion eher gering.

Auch Leistungssportler sind vor Muskelkater nicht gefeit. Bei ihnen schlägt der Schmerz vor allem dann zu, wenn sie ihren Körper mit ungewohnten Bewegungen belastet haben. Bei diesen Bewegungen, so erklärt Dieter Böning, arbeiten die Fasern des Muskels noch nicht richtig im Gleichtakt, und so können einzelne Fasern überlastet werden.

Und warum spürt man die Schmerzen erst einen Tag nach der sportlichen Anstrengung? Das liegt einfach daran, dass wir im Innern der Muskel keine schmerzempfindlichen Nerven haben. Wenn die Fasern repariert werden, entstehen Abbauprodukte, die nach außen ins Bindegewebe treten und dort die Nerven reizen – und dieser Prozess dauert einige Zeit.

Die besten Mittel gegen Muskelkater: sanfte Massage, warme Bäder, ein Saunabesuch. Und abwarten. Der Schmerz verschwindet irgendwann von selbst.

Sportler schwitzen mehr als untrainierte Menschen

Stimmt. Oft liest man, dass Sportler über mehr Schweißdrüsen verfügten als untrainierte Menschen. Das ist Unsinn, die Zahl der Schweißdrüsen eines Menschen liegt im Alter von etwa drei Jahren fest. Es sind zwischen zwei und vier Millionen, es gibt also durchaus genetische Unterschiede.

Sportler müssen jedoch keine neuen Schweißdrüsen bilden, um mehr schwitzen zu können, es reicht, wenn die vorhandenen Drüsen mehr Schweiß abgeben. Beim Krafttraining bekommen Sie ja auch keine neuen Muskeln, die vorhandenen werden nur kräftiger. Und es kommt auf die Zahl der aktiven Schweißdrüsen an. Bei Anstrengung schaltet der Körper die Drüsen nacheinander ein. Bei einem trainierten Sportler werden nicht nur mehr Drüsen aktiv, sie fangen auch früher an, Schweiß abzusondern, weil sie durch das Training gelernt haben, dass gleich eine starke Erhöhung der Körpertemperatur zu erwarten ist. So kann ein trainierter Sportler im Wettkampf zwei bis drei Liter Schweiß produzieren, der Normalmensch schafft auch bei höchster Anstrengung nur knapp einen.

Auf diese Weise kann die scheinbar paradoxe Situation entstehen, dass bei gleicher Tätigkeit der Sportler früher zu schwitzen beginnt als der Untrainierte. Das bedeutet eben nicht, dass er sich mehr anstrengt, es ist nur die Fähigkeit seines Körpers, sich auf eine bevorstehende Höchstleistung einzustellen.

Man schwitzt auch beim Schwimmen

Stimmt. Auch wenn das Schwitzen im Wasser eigentlich völlig nutzlos ist. Denn der Sinn der Schweißabsonderung liegt ja darin, dass die Flüssigkeit verdunstet und dadurch dem Körper Wärme entzieht.

Nach einer griechischen Legende soll das Meer durch den Schweiß salzig geworden sein, den Herkules und ein großer Wal bei ihrer Verfolgungsjagd absonderten. In der Moderne, bis in die achtziger Jahre, ging man davon aus, dass der Mensch beim Schwimmen nicht schwitzt – warum sollte der Körper Energie in eine solche unnütze Aktivität investieren? Erst in den letzten Jahren hat man durch sorgfältiges Wiegen von Leistungsschwimmern festgestellt: Die verlieren tatsächlich beim Schwimmen Gewicht – durch Schweiß.

Unsere Körperwärme wird durch Sensoren geregelt, die ähnlich wie ein Thermostat funktionieren: Überschreiten wir eine gewisse Körpertemperatur, so erhalten die Schweißdrüsen das Kommando zur Produktion, die so lange anhält, bis wieder eine erträgliche Temperatur erreicht ist.

Aber die Sensoren im Körperinneren erhalten von der Haut keine Information darüber, dass der Mensch sich größtenteils unter Wasser befindet. Deshalb arbeiten die Schweißdrüsen auch dann, wenn das Schwitzen überhaupt nichts bringt.

Allerdings tritt im Wasser die Situation viel seltener auf als an der Luft. Wasser leitet die Wärme schneller ab – deshalb friert man ja auch bei einer Wassertemperatur, die man in der Luft als angenehm empfindet. Der Schwitzmechanismus kommt erst bei sehr starker Anstrengung in Gang, etwa bei Wettkampfschwimmern. Dann ist der Effekt aber messbar: Leistungssportler verlieren gemäß der Staatsexamensarbeit von Uwe Wöllstein von der Universität Mainz pro Stunde etwa einen Drittelliter Wasser.

Nach dem Erscheinen der Kolumne in der *Zeit* schrieb mir übrigens ein Leser, dass ihm einmal bei einer vermeintlichen Begegnung mit einem Hai beim Baden im Meer der Angstschweiß ausgebrochen sei. Letztlich habe es sich aber um einen Delphin gehandelt.

Schwimmen nach dem Essen
kann zu Magenkrämpfen führen

Stimmt nicht. Es gibt keinerlei Verbindung zwischen Schwimmen (oder Baden) und Konvulsionen in der Magengegend. Der amerikanische Sportarzt Arthur Steinhaus hat im Jahr 1961 eine empirische Untersuchung angestellt («Evidence and Opinions Related to Swimming After Meals»), bei der er Sport- und Hobbyschwimmer nach ihren Gewohnheiten fragte. Ergebnis: Selbst Hochleistungssportler gönnen sich manchmal eine deftige Mahlzeit, bevor sie ins Becken springen, und keiner der Befragten hatte je einen Magenkrampf beim Schwimmen erlebt.

Allerdings weiß jeder aus eigener Erfahrung, dass nach dem Essen der Körper müde und träge wird. «Voller Bauch studiert nicht gern», und körperliche Anstrengung liegt dem Satten auch nicht. Die Ursache: Ein großer Teil des Blutes wird im Verdauungstrakt benötigt, die Durchblutung des restlichen Körpers und des Gehirns verschlechtert sich. Deshalb kommt kaum jemand auf die Idee, nach einem Dreigängemenü einen Marathonlauf zu absolvieren oder fünfzig Bahnen zu schwimmen.

Gisela Fischer, Professorin für Allgemeinmedizin an der Medizinischen Hochschule Hannover, warnt vor übertriebener Aktivität mit vollem Magen, weil dies, besonders bei älteren Menschen, zu einem Kreislaufkollaps führen könne.

Es ist also nicht ganz abwegig, wenn es in den Baderegeln der DLRG recht allgemein heißt: «Niemals mit vollem oder ganz leerem Magen baden!» Aber wann gilt der Magen als «voll»? Und wie lange soll man denn nun warten nach dem Essen?

Ausführlicher sind die Ratschläge des amerikanischen Roten Kreuzes, das vor nicht allzu langer Zeit noch vor Magenkrämpfen warnte. Inzwischen hat die Organisation den Fehler beseitigt und schreibt in ihren Gesundheitstips: «Benutzen Sie Ihren gesunden

Menschenverstand, wenn es ums Schwimmen nach dem Essen geht. Im allgemeinen müssen Sie mit dem Schwimmen nicht eine Stunde warten, nachdem Sie gegessen haben. Jedoch ist es nach einer umfangreichen Mahlzeit sinnvoll, die Verdauung in Gang kommen zu lassen, bevor man mit anstrengenden Aktivitäten wie Schwimmen beginnt.»

Radfahren macht impotent

Stimmt. Männliche, aber auch weibliche Freizeitradler kennen das Gefühl: Nach Radtouren fühlt sich der Genitalbereich «taub» an. Wie eingeschlafene Füße, nur eben nicht die Füße. Der Grund ist, dass beim Radeln ein großer Teil des Körpergewichts auf dem Damm lastet. Dort werden die Blutgefäße und Nerven gequetscht, was sich im beschriebenen Taubheitsgefühl äußert. Das geht zwar auch schnell wieder vorbei. Aber gibt es dauerhafte Schädigungen bei Vielfahrern?

Diese These wird seit Jahren von dem Urologen Irwin Goldstein vertreten: «Es gibt nur zwei Sorten männlicher Radfahrer. Die einen sind impotent, die anderen werden es.» Die Blutzufuhr für die Schwellkörper des Penis sinkt beim Radfahren um bis zu 80 Prozent, berichtet der Kölner Urologe Frank Sommer. Nun ist der Radler ja nicht akut auf diesen Blutfluss angewiesen, aber Mediziner berichten auch von Dauerschäden. Wer in der Woche Hunderte Kilometer fährt, bei dem führe die verminderte Blutversorgung zu Veränderungen des Penisgewebes – es wird fettreicher und vernarbt. Und es nimmt weniger Blut auf, die Erektionen werden schwächer. Das ist auch empirisch nachgewiesen worden, an Freizeit- wie an Rennradlern.

Was tun? Wichtig für die Belastung des Damms ist der Sattel. Schmale Sättel verlagern das Gewicht auf diese Stelle. Männer sollten sich nicht scheuen, die so genannten «Damensättel» zu benutzen, sie bieten mehr Fläche zum Abstützen. Am besten sind ovale Sättel, bei denen keine «Sattelnase» zwischen die Beine ragt und auf empfindliche Leitungen drückt. Der Sitz sollte nach vorn geneigt und so eingestellt sein, dass die Beine nie gestreckt sind.

Die heutige Länge des Marathonlaufs wurde 1908 auf Wunsch des britischen Königshauses so festgelegt

Stimmt. Die Distanz beim Marathon war nicht immer 42,195 Kilometer. Ursprünglich war der Lauf eine Erfindung von Michel Bréal, einem Freund von Pierre de Coubertin, dem Vater der Olympischen Spiele der Neuzeit. Die Legende vom Läufer Pheidippides, der in der Antike die Kunde vom Sieg in der Schlacht von Marathon überbrachte und dazu die etwa 40 Kilometer lange Strecke nach Athen laufen musste, war ein schöner Aufhänger für einen Langstreckenlauf, und bei den ersten Spielen 1896 in Athen wurde auch tatsächlich diese klassische Strecke gelaufen.

In den ersten Jahren scherte man sich kaum um die exakte Länge des Marathonlaufs. Die Strecke wurde halt so angelegt, dass es etwa 40 Kilometer waren. Bei den Spielen in London 1908 sollte der Parcours zunächst auf 26 Meilen (knapp 42 Kilometer) verlängert werden, damit er vom Schloss Windsor, wo die königlichen Sprösslinge den Start beobachten konnten, bis ins White-City-Stadion reichte. Die Ziellinie hätte dann aber gegenüber der königlichen Loge gelegen. Königin Alexandra soll dagegen protestiert haben – jedenfalls wurde noch eine Dreiviertelrunde draufgelegt, genau 385 Yards, und so kam die «krumme» Distanz von 42 Kilometern und 195 Metern zustande. Seitdem sollen sich angelsächsische Marathonläufer kurz vor dem Ziel mit einem gehechelten «God save the Queen!» bei der Königin für die harten zusätzlichen Yards bedanken.

Bei den folgenden Spielen wurden wieder ganz andere Strecken gelaufen. Erst im Jahr 1921 legte der internationale Leichtathletikverband IAAF die heute noch verbindliche Marathondistanz fest, und seit 1924 geht auch das olympische Rennen über diese Entfernung.

Gefoulte Spieler, die einen Elfmeter selber ausführen, schießen öfter daneben als unbeteiligte

Stimmt. Diese alte Fußballerregel hatte wohl auch der Stuttgarter Stürmer Kevin Kuranyi im Kopf, als er am 8. März 2003 seinem Kollegen Aliaksandr Hleb den Ball wegnahm. Hleb war gerade gefoult worden und wollte den Strafstoß selbst verwandeln. Kuranyi schoss – geradewegs in die Arme des Hamburger Torhüters Martin Pieckenhagen. Das Spiel endete 1:1, und Kuranyi musste sich vorwerfen lassen, den Sieg verspielt zu haben.

Hatte er denn wenigstens die Statistik auf seiner Seite? Immerhin galt auch unter der Bundestrainerschaft von Berti Vogts immer die eiserne Regel, dass der Gefoulte den Elfmeter nicht selbst schießen durfte. Tatsächlich bestätigen die Zahlen der Firma IMP, die für die großen Fernsehsender die Bundesliga-Datenbank betreibt, die Regel – auch wenn der Unterschied nicht groß ist: Zwischen 1993 und 2003 hat in der ersten deutschen Liga 80-mal der Gefoulte selbst geschossen, 57 dieser Elfer wurden verwandelt. Das sind 71,3 Prozent. Von den übrigen Strafstößen wurden in diesem Zeitraum 75,3 Prozent verwandelt, 4 Prozentpunkte mehr. Der Rat, den erregten oder gar angeschlagenen Leidtragenden nicht schießen zu lassen, hat also etwas für sich.

Allerdings muss man bei dieser Rechnung bedenken, dass die 71,3 Prozent auf einer kleinen Stichprobe beruhen. Drei erfolgreiche gefoulte Schützen mehr, und die Trefferrate betrüge bereits 75 Prozent. Kann also gut sein, dass sich das «Stimmt» in der Zukunft in ein «Stimmt nicht» verwandelt. Und das Beispiel von Kuranyi zeigt, dass Wahrscheinlichkeit überhaupt nichts mit Sicherheit zu tun hat.

Auf nassem Rasen wird der Fußball schneller

Stimmt nicht. Auch wenn bei Fußballspielen, die im Regen stattfinden, so mancher Kommentator gern diese Legende verbreitet.

Beantworten wir erst einmal die Frage: Kann ein Fußball überhaupt beim Aufprallen schneller werden? Damit das passiert, muss die Bewegungsenergie größer werden. Da dem Ball von außen keine Energie zugeführt wird, kann dieses Energieplus nur aus dem Ball selbst kommen – nämlich dann, wenn Rotations- in Bewegungsenergie umgesetzt wird. Das ist theoretisch beim so genannten Topspin möglich, wenn der Ball einen extremen Vorwärtsdrall hat. Im Gegensatz zum Tischtennis ist dieses Kunststück aber beim Fußball sehr schwierig, und es funktioniert auf trockenem Boden besser als auf nassem.

Der Glaube an die beschleunigende Wirkung des nassen Rasens kommt wohl eher daher, dass der Ball auf feuchtem Untergrund nicht so stark abgebremst wird wie auf trockenem. Wenn er bei seinem parabelförmigen Flug auf den Rasen springt – ein Vorgang, der etwa acht Millisekunden dauert –, dann rutscht er zunächst ein Stückchen, wobei er durch die Reibung mit dem Boden stark abgebremst wird. Dann folgt eine kurze Rollphase, bevor er sich wieder in die Luft erhebt. Weil auf nassem Rasen die Reibung erheblich geringer ist als auf trockenem, geht während der Rutschphase weniger Energie verloren, eventuell kommt er gar nicht erst ins Rollen. Man kann also zusammenfassen: Der Ball wird nicht schneller, sondern allenfalls weniger langsam.

Haushalt, Fernsehen, Auto

Wenn die Röcke kürzer werden, wächst die Wirtschaft

Stimmt nicht. 2007 wurde die alte These mal wieder hervorgeholt: Endlich ist der Aufschwung in Deutschland da, und prompt rutschen die Rocksäume nach oben. Miniröcke bedeuten Lebens- und damit Konsumfreude, so eine Erklärung.

Zunächst einmal lehrt die Statistik, dass Korrelationen nichts mit Kausalität zu tun haben. Das heißt: Wenn zwei Messgrößen sich irgendwie parallel entwickeln, dann bedeutet das noch lange nicht, dass die eine die Ursache für die andere ist. Der Zusammenhang kann rein zufällig sein, oder es kann eine verborgene dritte Größe dahinterstecken. Um das Beispiel mit den Klapperstörchen und den Geburten nicht noch einmal zu strapazieren: Wenn viel Speiseeis verkauft wird, ertrinken mehr Kinder – nicht aufgrund des Eiskonsums, sondern weil in heißen Sommern mehr Eis gegessen wird und gleichzeitig die Kinder mehr schwimmen gehen.

Die wirtschaftliche «Rocklängentheorie» stammt aus den frühen siebziger Jahren, als die Minirock-Welle gerade abflaute und parallel die Wirtschaft in eine Krise geriet. Neben anderen verfolgte der Verhaltensforscher Desmond Morris die Entwicklung der Rocklänge zurück bis in die zwanziger Jahre, und tatsächlich folgte die Höhe des Saums ziemlich genau dem Dow Jones: Goldene Zwanziger – kurze Charleston-Röcke. Weltwirtschaftskrise – Röcke länger. Und so weiter bis zum Post-Hippie-Ölkrisen-Maxi.

Die Erklärung, dass Frauen in wirtschaftlichen Boomzeiten unabhängiger seien und selbstbewusster ihren Körper präsentierten, klingt mäßig plausibel. Aber letztlich ist die ganze Geschichte eine Anekdote, die in den vergangenen 30 Jahren an Überzeugungskraft verloren hat. Die Daten zu Rocklänge und Wirtschaft stimmen längst nicht mehr so schön überein. Und wo es keine Korrelation gibt, gibt es auch nichts zu erklären.

Abgesehen davon, dass es für den Rocksaum eine natürliche obere Grenze gibt, für die Börse aber nicht: Die Mode ist unübersichtlicher geworden, und bei der vorletzten Mini-Welle vor einigen Jahren ist zumindest in Deutschland der Aufschwung ausgeblieben.

Damit man sich in einem Spiegel ganz sehen kann, muss der mindestens die halbe Körpergröße haben

Stimmt. Da macht man sich fein für eine Feier oder für die Oper, will zu guter Letzt noch einmal den Gesamteindruck im Spiegel überprüfen – und schafft es partout nicht, seine ganze Gestalt im Spiegel zu sehen, egal ob man ganz nah herantritt oder sich so weit wie möglich entfernt.

Der Grund dafür ist tatsächlich, dass in diesem Fall der Spiegel zu klein ist. Spontan würden vielleicht die meisten sagen: Wenn man vom Spiegel zurücktritt, wird doch das Spiegelbild kleiner, also muss man irgendwann auch ganz zu sehen sein … Davon, dass das nicht stimmt, überzeugt man sich am besten mit einer kleinen Zeichnung. Versuchen wir es an dieser Stelle mit Worten. Und zwar stellen wir uns vor, der Spiegel sei ein Fenster, und dahinter stünde ein seitenverkehrter Doppelgänger von uns. Dann verbinden wir in Gedanken unser Auge mit dem Scheitel und der Sohle dieses Doppelgängers – das ist der maximale Blickwinkel, den wir brauchen. Und damit das geht, muss das «Fenster», das genau auf halbem Wege zwischen uns und dem Spiegelbild steht, eine Öffnung haben, die halb so groß ist wie der Körper – egal, wie nah wir an das Fenster herantreten. Das sagt der Strahlensatz der Mathematik. Außerdem ist es durchaus wichtig, in welcher Höhe der Spiegel hängt – die Oberkante muss sich etwas über der Augenhöhe befinden.

Nun ist der Spiegel zwar kein Fenster, wir müssten also die Lichtstrahlen, die von unserem Körper ausgehen, an der Spiegelfläche reflektieren, sodass sie ins Auge fallen. Da aber nach dem Reflexionsgesetz Einfallswinkel gleich Ausfallswinkel ist, kommt dabei exakt dasselbe heraus wie bei der Vorstellung einer durchsichtigen Glasscheibe, hinter der ein Doppelgänger steht.

Unwesentlich für die Betrachtung ist übrigens, dass unsere Augen nicht ganz oben am Körper sitzen – selbst wenn sie sich in Bauchnabelhöhe befänden, müsste der Spiegel mindestens die halbe Körpergröße haben.

Der reißfeste und laufmaschenfreie Damenstrumpf ist längst erfunden

Stimmt. Dass Damenstrümpfe leicht reißen, liegt an der Physik – und da sind Wunder selten. Die Kundinnen legen Wert darauf, dass das Gewebe quasi unsichtbar ist. Bei einer Fadenstärke von 20 Denier – das ist die Einheit, in der das gemessen wird – wiegt der Kilometer Garn gerade noch zwei Gramm. Da reißt der Faden schnell, auch wenn die heutigen Kunststoffe in ihrer Robustheit mit Stahl vergleichbar sind. Also: je dünner, desto reißfreudiger.

Ob ein Strumpf nach einer kleinen Beschädigung Laufmaschen entwickelt, liegt wiederum daran, wie er gestrickt ist. Tatsächlich werden immer mal wieder so genannte maschenfeste Strümpfe angeboten. Wenn bei denen der Faden an einer Stelle reißt, dann läuft die Masche nicht weiter, sondern es bildet sich ein Loch von mehreren Millimetern Durchmesser. Der Nachteil: Das Maschenbild dieser Strümpfe ist nicht so ebenmäßig. Und mit Löchern möchte auch nicht jede Kundin herumlaufen.

Woran liegt es nun, dass die maschenfesten Strümpfe heute kaum noch zu kaufen sind? Ist es eine Verschwörung der Hersteller, die mit Wegwerfprodukten mehr Geld verdienen können? Auch wenn ich nach der Veröffentlichung der *Zeit*-Kolumne Post von einer Leserin bekam, die ein Loblied auf diese Strümpfe sang – ich glaube eher, dass der Wunsch der Kundschaft nach «unsichtbaren» und ebenmäßigen Strümpfen dafür gesorgt hat, dass die stabileren Varianten sich nicht durchsetzen konnten.

Stoffscheren werden stumpf, wenn man Papier damit schneidet

Stimmt. Das ist die übereinstimmende Auskunft der Scherenhersteller. Durch das Schneiden von Papier kann eine Schneiderschere unbrauchbar werden. Reinhild Mohaupt von der Solinger Firma Robuso erklärt, dass diese Regel allerdings in der Vergangenheit stärker galt als heute. Im 19. Jahrhundert waren die Stähle, aus denen Scheren hergestellt wurden, weicher als heute. Und das Papier war noch nicht so fein, sondern enthielt viele harte Fasern. Die konnten die Schneide rasch stumpf machen. Oder ihr winzige Kerben zufügen, die zwar beim Papierschneiden nicht stören, aber bei einem feinen Seidenstoff Fäden ziehen können – damit ist dann kein sauberer Schnitt mehr möglich.

Heute stellt sich die Situation in mehrfacher Hinsicht anders dar: Der Stahl ist härter, das Papier ist feiner. Und vor allem gibt es nicht nur Naturfaserstoffe, sondern eine Vielfalt von Textilien mit teilweise sehr robusten Kunststoff-, Kohle- oder Keramikfasern. «Papier ist harmlos dagegen», sagt Reinhild Mohaupt. Deshalb sei es wichtig, für spezielle Zwecke auch immer Spezialscheren zu verwenden.

Und wie sieht es aus, wenn man Papierscheren zum Schneiden von Stoff benutzt? Das ist zwar nicht schädlich, aber ein ziemlich mühseliges Unterfangen, wie jeder weiß, der es einmal probiert hat. Die Schneiden einer Papierschere sind zu leicht und zu dünn, um ein dickes Stück Stoff zu schneiden. Wenn es zu dick ist, gehen die Schneiden einfach auseinander, und die Schere schneidet überhaupt nicht.

Teflon ist ein Nebenprodukt der Weltraumforschung

Stimmt nicht. Die Geburtsstunde des Wunderkunststoffs schlug bereits am 6. April 1938. Roy Plunkett, der für die Chemiefirma DuPont nach neuen Kältemitteln forschte, hatte eine Flasche mit einer gasförmigen Fluorverbindung einige Tage lang auf seinem Schreibtisch stehenlassen statt wie gewöhnlich im Kühlschrank. Die Flasche enthielt kein Gas mehr, aber sie wog noch genausoviel wie vorher. Die Forscher öffneten das Ventil und fanden ein weißes Pulver vor: Polytetrafluoräthylen.

Die Wissenschaftler hatten zunächst keinen Schimmer, was man mit dem Zeug anfangen sollte, das mit keinem bekannten chemischen Stoff reagierte. Es wurde zuerst von den Vätern der Atombombe eingesetzt, die auf der Suche nach einer möglichst inerten, also reaktionsfeindlichen Substanz waren, um damit Behälter für aggressive Uranverbindungen zu überziehen. 1954 kam der Franzose Marc Gregoire auf die Idee, Pfannen mit dem abweisenden Kunststoff zu beschichten. Erst viel später fanden die Weltraumforscher eine Verwendung für Teflon: Mehrere hundert Kilo davon hatten die Apollo-Kapseln an Bord – in Form von Kabelisolierungen, Hitzeschutzkacheln und in den Fasern der Raumanzüge.

Der Chemiker Bob Gore fand schließlich heraus, dass man aus Teflon auch hauchdünne Membranen herstellen kann – mit der Eigenschaft, Wasser zurückzuhalten, aber Gase passieren zu lassen. Aus Gore-Tex werden heute nicht nur Regenjacken und -mäntel hergestellt, sondern auch künstliche Gelenke und Herzklappen.

Und wie haftet nun das reaktionsfeindliche Teflon an der Pfanne? Dieses Geheimnis wollen die Hersteller leider nicht preisgeben.

Zerkratzte Teflonpfannen können krebs-erregende Stoffe freisetzen

Stimmt nicht. In der zerkratzten Pfanne mögen Spiegeleier leichter anbacken, aber Gesundheitsschäden bis hin zum Krebs muss niemand befürchten.

Die Nützlichkeit von Teflon liegt in der Tatsache, dass es mit kaum einem anderen Stoff reagiert, weder mit dem Bratgut noch mit unseren Verdauungssäften. Diese Eigenschaft hat der Stoff im Bereich von minus 200 bis plus 260 Grad. Um höhere Temperaturen zu erzielen, müsste man die Pfanne schon eine ganze Zeit lang auf dem Gasherd gezielt überhitzen, schreibt die des Abwiegelns unverdächtige Zeitschrift *Öko-Test* unter Berufung auf Experten, die es wissen müssen. Erst in diesem Extremfall beginnt die Teflonschicht sich zu zersetzen – egal, ob angekratzt oder nicht. Dann können tatsächlich giftige und krebserregende Substanzen freigesetzt werden und akut grippeähnliche Symptome, das so genannte Teflonfieber, herbeiführen. Solche Fälle sind aber bislang nur bei Arbeitern in der Industrieproduktion bekannt geworden. Das gewöhnliche Spiegelei bleibt weit unter der kritischen Temperatur, und da könnte man sogar ganze Teflonstückchen mitessen, ohne dass es dem Körper schaden würde.

Wenn man Geschirr nicht nachspült, sondern nur abtropfen lässt, ist das gesundheitsschädlich

Stimmt nicht. Ein Streitfall in vielen Familien und Wohngemeinschaften: Muss man das Geschirr nach dem Spülen noch einmal unter klares Wasser halten, weil man sich sonst vergiften kann?

Spülmittel enthalten Tenside. Die setzen die Oberflächenspannung des Wassers herunter, was für die Reinigung wichtig ist, aber auch noch einen schönen Nebeneffekt hat: Wenn man das gespülte Geschirr abtropfen lässt, so bilden sich bei Wasser mit Spülmittel keine dicken Tropfen, sondern ein dünner Film, der im Idealfall praktisch rückstandsfrei abfließt. Während man also Gläser, die mit klarem Wasser nachgespült wurden, abtrocknen muss, um hässliche Wasserflecken zu vermeiden, kann man sich das bei der Spülmittellauge sparen.

Was aber heißt «praktisch rückstandsfrei»? Spuren von den Tensiden bleiben immer zurück. Manchmal kann man das zum Beispiel daran erkennen, dass der Schaum eines frisch eingeschenkten Bieres in sich zusammenfällt. Das ist dann aber schon ein Hinweis auf zu viel Spülmittel. Selbst die Hersteller sagen, dass ein Spritzer auf fünf Liter Wasser genug ist!

1973 sind diese Spuren einmal im Auftrag der Industrie sehr gründlich untersucht worden. Das Ergebnis damals: Wenn man alle Tensidrückstände zu sich nähme, die im Laufe eines Jahres auf den Tellern, Tassen, Gläsern und Bestecken zurückbleiben, dann käme man auf eine Menge von 100 bis 150 Milligramm pro Person. Aber dazu müsste man schon das gesamte Geschirr gründlich ablecken. Bei einer solchen Menge gehen selbst Umweltschützer nicht von schädlichen Wirkungen aus, zumal sich Tenside nicht im Körper anreichern. In Tierversuchen, beteuern die Hersteller, hätten auch wesentlich größere Tensidmengen nicht zu Schädigungen geführt.

253

«Giftig» sind die Spülmittelrückstände also nicht, und bei richtiger Dosierung wird man sie auch nicht schmecken. Wem der Gedanke trotzdem ein Graus ist, der muss halt nachspülen – und abtrocknen.

Im Sommer die Uhr um eine Stunde zu verstellen, spart Energie

Stimmt nicht. Der englische Begriff bringt den Effekt der Sommerzeit auf den Punkt: *Daylight Savings Time* heißt übersetzt «Tageslichtsparzeit» und nicht «Energiesparzeit» – und vom Tageslicht haben die meisten Menschen ja tatsächlich mehr, wenn die Uhren auf Sommerzeit gestellt werden und damit der gesamte Tag um eine Stunde nach hinten verschoben wird.

Nach der Ölkrise der siebziger Jahre wurde 1980 die Sommerzeit eingeführt in der Hoffnung, dadurch Energie einsparen zu können. Inzwischen ist dieser vermeintliche Energiespareffekt in mehreren Studien untersucht worden, und die sind sich einig: Wenn es eine Auswirkung gibt, dann ist sie winzig. Manche errechnen einen kleinen Spareffekt, andere kommen auf einen ebenso unbedeutenden Mehrverbrauch. Zusammenfassend kann man sagen: Es wird wohl tatsächlich weniger Strom für elektrisches Licht verbraucht. Aber da nur etwa zehn Prozent unseres Stroms für die Beleuchtung verwendet werden, sind das Einsparungen von Bruchteilen Prozent – die Energieversorger sagen jedenfalls, dass sie keinen Unterschied messen können. Mehr Energie wird dadurch verbraucht, dass es im Frühling und im Herbst morgens noch ganz schön kalt sein kann und durch die Verschiebung höhere Heizkosten entstehen. Und an den langen Abenden fahren die Menschen offenbar vermehrt ins Grüne und verbrauchen dadurch mehr Benzin.

Das einzige Argument für die Beibehaltung der Sommerzeit ist wirklich, dass es länger hell bleibt. Und das wiegt offenbar schwerer als die Probleme, die ein Teil der Menschheit mit der Zeitumstellung hat.

Beim Grillen mit Aluminiumfolie ist es wichtig, ob die matte oder die glänzende Seite der Folie nach oben weist

Stimmt nicht. Auch ich habe solche Haushaltstipps zuhauf gefunden, nach denen angeblich die eine Seite besser Wärme durchlässt oder reflektiert als die andere oder auch leichter am Bratgut kleben bleibt. Das ist alles Unsinn, versichert Martin Linnemann vom Marktführer Melitta.

Aber warum hat dann die Aluminiumfolie, die übrigens im Jahr 1963 ihren Siegeszug in den deutschen Küchen antrat, zwei unterschiedliche Seiten? Das liegt einzig und allein an der Art, wie sie hergestellt wird: Das Aluminium wird immer dünner ausgewalzt. Beim letzten Vorgang werden aus Gründen der Effizienz zwei Schichten übereinander gelegt, und nur die jeweils außen liegende Seite wird durch die Walzen blank poliert, die innere bleibt matt. Der Unterschied ist aber ein rein optischer, Spitzfindigkeiten über ein unterschiedliches Reflexionsverhalten der beiden Seiten für Strahlung bestimmter Wellenlängen sind ohne Belang.

Das alles gilt natürlich nur für die klassische Alufolie. Bei neumodischen Entwicklungen wie kombinierten Alu-Kunststoff-Folien oder Folien mit einer speziellen Antihaftbeschichtung muss man durchaus darauf achten, dass die richtige Seite zum Braten zeigt.

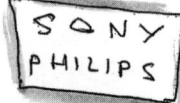

Die Spieldauer der Audio-CD wurde so gewählt, dass die 9. Sinfonie von Beethoven auf ihr Platz findet

Stimmt. Ursprünglich war die digitale Scheibe eine Idee der Firma Philips. Die Compact Disc sollte einen Durchmesser von 11,5 Zentimetern haben, kompakt eben, und 60 Minuten Musik fassen. Damit hätten fast alle Schallplattenaufnahmen auf eine CD gepasst – beide Seiten, wohlgemerkt.

Auf der Suche nach einem starken Partner tat sich Philips mit Sony zusammen, in langen Verhandlungen wurden die technischen Spezifikationen des neuen Standards festgelegt und im berühmten «Roten Buch» niedergeschrieben. In fast allen Punkten setzte sich Philips durch – nur nicht bei der Spieldauer. Sonys Vizepräsident war damals Norio Ohga, ein ausgebildeter Opernsänger, der mit einer Konzertpianistin verheiratet war. Schon lange hatte Ohga sich gewünscht, Beethovens 9. Sinfonie so auf einen Tonträger pressen zu können, dass man sie ohne Umdrehen oder Scheibenwechsel hören könnte. Ohgas Lieblingsversion mit Herbert von Karajan am Dirigentenpult dauerte 66 Minuten. Die Techniker bei Philips durchforsteten die Archive und fanden auch Versionen mit erheblich längerer Spieldauer. Sie orientierten sich an der längsten damals vorliegenden Fassung – und legten fest, dass die Audio-CD 74 Minuten Musik fassen muss. Nebeneffekt: Der Durchmesser musste um einen halben Zentimeter vergrößert werden.

Man kann einen Menschen umbringen, wenn man ihm beim Baden einen Föhn in die Wanne wirft

Stimmt. Deshalb der eindringliche Appell, insbesondere an Kinder: Nicht nachmachen!

Etwa elf Prozent aller tödlichen Stromunfälle in Deutschland spielen sich in der Badewanne ab, berichtet Helmut Zürneck, der für den Verband der Elektrotechnik (VDE) eine penible Statistik darüber führt, wie Menschen durch elektrischen Strom ums Leben kommen. Die Ursache ist im Übrigen kein Kurzschluss (der Föhn kann eventuell sogar unter Wasser weiterlaufen), sondern die Tatsache, dass über das Wasser und die geerdete Wanne Strom abfließt und dabei seinen fatalen Weg durch den Körper des Badenden nimmt. Deshalb springt auch meist nicht die Sicherung heraus und das effektvolle Blitzen und Knallen der einschlägigen Krimiszenen bleibt auch aus.

Die Hersteller der Haartrockner können wenig gegen diese Unfälle oder Verbrechen tun – abdichten kann man den Föhn ja schlecht. Die einzig wirksame Sicherheitsmaßnahme: ein so genannter Fehlerstrom-Schutzschalter (FI-Schalter), der in Neubauwohnungen bereits Pflicht ist. Das ist ein kleines Gerät, das den Stromverlust über der Erde bemerkt und innerhalb von Sekundenbruchteilen den Strom abschaltet.

Bei Gewitter sollte man den Netzstecker und das Antennenkabel des Fernsehers herausziehen

Stimmt. Tatsächlich kann ein Fernseher, ebenso wie Computer und andere elektronische Geräte, durch so genannte Überspannungen beschädigt werden.

Die Fachleute unterscheiden bei Gebäuden zwischen dem äußeren und dem inneren Blitzschutz. Beim äußeren handelt es sich um den bekannten Blitzableiter – der sorgt dafür, dass die Energie eines Blitzes, der ins Haus einschlägt, in die Erde abgeleitet wird. Er schützt das Haus vor allem vor Feuer.

Der innere Blitzschutz dagegen sorgt dafür, dass alle Metallleitungen und Installationen im Haus im Fall eines Blitzeinschlages keinen Schaden nehmen (durch einen so genannten «Potentialausgleich»). Empfindliche Geräte können aber auch schon beschädigt werden, wenn der Blitz gar nicht ins eigene Haus einschlägt – auch ein Gewitter in einem Kilometer Entfernung kann per Induktion zu hohen Spannungen führen. Die zerstörerische Energie kann durch alle Leitungen in das Gerät gelangen, also sowohl übers Stromnetz als auch über das Antennenkabel. Dabei ist es egal, ob man sein Fernsehbild über eine Hausantenne, per Satellit oder per Kabel empfängt. Bei Computern ist auch die Telefon- oder Datenleitung eine Gefahrenquelle.

Deshalb ist es wirklich ratsam, bei Gewitter alle Stecker aus Fernseher und Computer herauszuziehen. Und auch vor der Urlaubsreise ist das eine gute Vorsichtsmaßnahme. Wem das zu mühselig ist oder wer auch bei Blitz und Donner nicht auf die Flimmerkiste verzichten will, für den gibt es Überspannungsschutzgeräte, die sich direkt vor das Gerät schalten lassen und die gefährlichen Spannungsspitzen verhindern.

Technisch könnte man Glühbirnen mit nahezu unbegrenzter Lebensdauer produzieren, aber die Herstellerfirmen verhindern dies

Stimmt. Über die Motive der Glühbirnenhersteller möchte ich hier gar nicht spekulieren, sondern nur ein paar Fakten aufzählen.

1. Jede Glühlampe (so heißt es richtig) hat eine begrenzte Lebensdauer. Vom Glühdraht aus Wolfram verdampfen ständig Atome. Der Draht wird also immer dünner und irgendwann bricht er an der dünnsten Stelle.

2. Wann der Draht schließlich bricht, kann man natürlich nicht exakt vorhersagen. Trotzdem lässt sich seine Haltbarkeit «einstellen», etwa indem man ihn dicker oder dünner macht. Ein dickerer Draht hat einen geringeren elektrischen Widerstand, deshalb erhitzt er sich nicht so stark wie ein dünner. Das lässt ihn länger leben, aber er wird natürlich auch nicht so hell. Und zusätzlich sinkt der ohnehin schon armselige Wirkungsgrad der Glühbirne noch weiter ab – eine handelsübliche Birne wandelt nur vier Prozent der elektrischen Energie in Licht um, mit dem Rest heizt man nur die Wohnung.

3. Es gab tatsächlich seit dem 24. 12. 1924 ein internationales «Glühlampenkartell», das wesentlich von den Firmen General Electric (USA), Osram / Siemens (Deutschland) und Associated Electrical Industries (Großbritannien) gesteuert wurde. Dieses Kartell teilte nicht nur die Weltmärkte unter sich auf, sondern traf auch Absprachen darüber, wie lange eine Glühbirne halten soll – seit dem Zweiten Weltkrieg sind das 1000 Stunden. Das ist natürlich eine willkürliche Festlegung. In der Sowjetunion und Ungarn gab es immer Birnen mit längerer Lebensdauer. In den Ländern des früheren Ostblocks gab es genügend elektrische Energie, aber die industrielle Produktion litt ständig unter Mangelproblemen. Deshalb ließ man die Glühbirnen lieber mehr Strom verbrauchen,

dafür musste man sie nicht so oft wechseln. Chinesische Birnen brennen heute noch 5000 Stunden.

4. Der Erfinder Dieter Binninger entwickelte eine Glühbirne mit erheblich längerer Lebenserwartung, die er sich auch patentieren ließ. Seine drei Verbesserungen: erstens eine neue Form des Glühfadens. Zweitens ein edelgasgefüllter Glaskolben. Und drittens eine Diode als «Dimmer». Sie sorgte dafür, dass die Birne nur eine Phase des Wechselstroms ausnutzte und in der anderen keine Energie verbrauchte. Dadurch entstand aber auch ein leichtes Flackern, vergleichbar mit dem von Leuchtstoffröhren.

Durch diese drei Maßnahmen schuf Binninger eine Birne, die nicht nur zwei-, fünf- oder zehnmal länger hielt als eine gewöhnliche. Sagenhafte 150 000 Stunden brannte die Binninger-Birne. Bei durchschnittlicher Nutzung im Haushalt sind das 42 Jahre! Dabei verbrauchte sie für diese Lichtleistung nur etwa 50 Prozent mehr Energie als eine gewöhnliche Birne. Binninger ließ die in Eigenproduktion hergestellten Glühlampen in einem Pilotversuch an Berliner Ampeln testen. Nach dem Fall der Mauer verhandelte er mit der Treuhand über die Übernahme der DDR-Firma Narva. Kurz nachdem er sein Angebot abgegeben hatte, stürzte der Glühbirnen-Revoluzzer 1991 mit einem Privatflugzeug ab.

5. In den neuen Bundesländern werden heute keine Glühlampen mehr hergestellt. Die Glühbirnen der westlichen Welt haben weiterhin eine Lebensdauer von 1000 Stunden.

Es ist energetisch günstiger, wenn man in Abwesenheit die Wohnung «durchheizt»

Stimmt nicht. Was den Energieverbrauch angeht, ist die Rechnung recht einfach: Jedes Herunterdrehen der Heizung spart Energie, weil das Haus bei niedrigerer Temperatur weniger Wärme an die Umgebung abgibt. Die Frage ist nur, ob es praktikabel und komfortabel ist. Herkömmlich gebaute Häuser reagieren nämlich sehr träge auf die Heizung.

Und das hat wenig damit zu tun, wie gut die Wärmedämmung des Hauses ist, die mit dem allen Bauherren bekannten «k-Wert» gemessen wird. Der Physiker Christian Lehmann vom Forschungszentrum Jülich machte nach einem Skiurlaub einmal eine bittere Erfahrung: Während man in einer völlig ausgekühlten Skihütte, die sicherlich nicht sehr gut isoliert ist, in kurzer Zeit mit dem Ofen eine behagliche Temperatur erzeugen kann, brauchte er zu Hause drei Tage, um sein massives Steinhaus wieder auf eine angenehme Temperatur zu bringen.

Sein Schluss daraus: Man sollte nicht nur auf den k-Wert starren, der die Qualität der Isolierung misst, sondern auch auf die so genannte «Wärmeeindringzahl». Je kleiner die ist, umso schneller lässt sich eine Wand wieder aufheizen, ohne dass die Wärme gleich in die tieferen Schichten abfließt. Holz hat eine kleine Wärmeeindringzahl, Stein eine große. Aber schon eine dünne, gut isolierte Holzverkleidung auf einer Steinwand wirkt Wunder. Dann kann der Bewohner ohne großen Komfortverlust vom «stationären Heizen» (Heizung läuft durch) auf das «instationäre» umsteigen, möglichst mit einer zeitgesteuerten Zentralheizung.

Allzu knauserig sollte man aber mit der Heizung nicht umgehen: Wenn man die Wohnung zu sehr auskühlen lässt, dann kann es zur Bildung von Tauwasser kommen, und es drohen feuchte Wände und Schimmelpilze.

Deutschlands Elektrogeräte verbrauchen im Stand-by-Betrieb so viel Strom, wie ein normales Kernkraftwerk produziert

Stimmt. Wenn man des Nachts durch die dunkle Wohnung geht und all die roten, grünen und gelben Leuchtdioden glimmen sieht, dann weiß man: Die Elektrogeräte schlafen nicht, sie dösen nur vor sich hin und warten darauf, benutzt zu werden. Das kostet Strom, und kaum ein Benutzer weiß, wie viel. Der individuelle Verbrauch einzelner Geräte wird ja auf der Stromrechnung nicht ausgewiesen.

«Leerlaufverluste» nennt man diese verschwendeten Kilowattstunden in der Fachsprache, und oberster Experte dafür ist Christoph Mordziol vom Umweltbundesamt. Er beziffert die jährlichen Stand-by-Verluste in Deutschland auf über 20 Milliarden Kilowattstunden – die kosten 3,5 Milliarden Euro und entsprechen dem Eineinhalbfachen des Stromverbrauchs von Berlin. In AKWs ausgedrückt: Für diese Energiemenge müssen sogar zwei große Kernkraftwerke rund um die Uhr laufen.

Große Hoffnung, diese Verschwendung zu stoppen, gibt es aber kaum. Bei vielen Geräten gehört die ständige Bereitschaft ja zum Komfort: Beim Anrufbeantworter macht sie sogar das Wesen aus. In der Rechnung des Umweltbundesamts tauchen auch Warmwasserboiler auf – und wer möchte schon auf den Komfort verzichten, sich zu jeder Tages- und Nachtzeit eine heiße Dusche genehmigen zu können? Ein realistisches Sparziel wird sein, den Stand-by-Verbrauch der Geräte zu senken. Da ist schon einiges geschehen, etwa bei den Fernsehgeräten. Es gibt auch spezielle Vorschaltkästchen, die den Geräten nach längerer Untätigkeit den Saft abstellen. Aber weil wir uns immer neue Elektrogeräte ohne Aus-Knopf zulegen, steigen die Leerlaufverluste in Deutschland sogar noch.

«Verbrauchte Luft» enthält weniger Sauerstoff als frische

Stimmt nicht. Man kennt das: Viele Menschen sitzen zusammen in einem Raum, und nach einer Stunde setzt das Gähnen ein. «Lasst doch mal Sauerstoff rein!», ruft dann jemand, und die Fenster werden aufgerissen.

Auch wenn das Lüften die richtige Maßnahme ist: Es ist nicht der mangelnde Sauerstoff, der uns müde macht, und auch nicht die eventuell übel riechenden Ausdünstungen der Mitmenschen. «Verbrauchte Luft» zeichnet sich vor allem durch einen höheren Anteil an Kohlendioxid aus, und das macht uns schon in sehr kleinen Mengen müde. Wenn wir atmen, dann reichern wir die Luft mit CO_2 an: In der normalen Raumluft sind etwa 21 Prozent Sauerstoff und nur 0,03 Prozent CO_2. Unser Atem dagegen enthält nur noch 14 Prozent Sauerstoff, aber 5,6 Prozent Kohlendioxid – dessen Menge hat sich also mehr als verhundertfacht. Und schon ab 2,5 Prozent CO_2 gilt Luft als toxisch.

Ich habe einmal eine Rechnung aufgestellt, was passiert, wenn zehn Menschen sich in einem 60-Kubikmeter-Raum befinden, der luftdicht abgeschlossen ist. In der Modellrechnung atmet jeder Mensch pro Minute acht Liter Luft ein und wieder aus, jeder also pro Stunde etwa einen halben Kubikmeter. Auf die gesamte Sauerstoffmenge hat das recht wenig Einfluss – nach einer Stunde ist der O_2-Anteil in der Luft von 21 auf 20,3 Prozent gesunken. Aber der Kohlendioxidgehalt hat sich mehr als verzehnfacht: von 0,03 Prozent auf 0,5 Prozent. Da stirbt zwar noch niemand, aber es schlägt eindeutig aufs Wohlbefinden.

Man muss den Backofen vorheizen

Stimmt nicht. Viele Backöfen in deutschen Küchen heizen leer vor sich hin – das Aufheizen dauert, je nach Modell, bis zu 20 Minuten. Auch der kalte Ofen läuft dabei mit voller Leistung, und das kostet rund eine halbe Kilowattstunde.

Nötig ist das in den seltensten Fällen. Ein empfindliches Soufflé muss vielleicht eine genau definierte Zeit bei konstanter Temperatur im Ofen sein, damit es nicht zusammenfällt – ein normaler Kuchen oder ein Braten nimmt durch die langsame Erwärmung keinen Schaden. Und erst recht keine Tiefkühlpizza.

Warum steht dann in vielen Kochbüchern und auf den Packungen von Fertiggerichten, dass man den Ofen vorheizen soll? Das hat wohl einen anderen Grund: Die Öfen heizen sich unterschiedlich schnell auf. Deshalb ist es in diesem Fall unmöglich, in den Rezepten und Kochanweisungen eine standardisierte Backzeit anzugeben. In einem «langsamen» Ofen wäre die Backzeit dann länger als in einem «schnellen».

Das Vorheizen ist also fast immer überflüssig. Und wer sich zutraut, auch ohne eine minutengenaue Vorschrift nach Gefühl oder Augenschein einschätzen zu können, wann der Braten gar oder die Pizza kross ist, und deshalb auf das Vorheizen verzichtet, der spart nicht nur Zeit, sondern auch Geld: Die Zubereitungsdauer verkürzt sich um bis zu 20 Prozent, und entsprechend wird auch weniger Energie verbraucht.

Es gibt unterschwellige Werbung im Kino und im Fernsehen und sie funktioniert

Stimmt nicht. Zwar kann die unbewusste, unterschwellige Wahrnehmung diffus die Stimmung des Menschen beeinflussen, eine konkrete Werbebotschaft lässt sich so aber kaum vermitteln.

Die Geschichte der subliminalen Werbung begann am 12. September 1957. Auf einer viel beachteten Pressekonferenz berichtete der Amerikaner James Vicary von einem sechswöchigen Experiment, das er angeblich durchgeführt hatte: In einem Kino in Fort Lee im US-Staat New Jersey waren bei einer Filmvorführung alle fünf Sekunden die Werbebotschaften «Iss Popcorn!» und «Trink Cola!» eingeblendet worden – angeblich so kurz, dass sie bewusst nicht wahrnehmbar waren. Schon das macht stutzig: Ein kinotechnisch beschlagener Leser machte mich darauf aufmerksam, dass bei einem Film mit 24 Bildern pro Sekunde schon ein einzelnes Bild etwa vier hundertstel Sekunden dauert – und das ist alles andere als unterschwellig. Man erzeugt so zum Beispiel einen «Blitzlichteffekt», indem man ein einzelnes weißes Bild in den Film schneidet. Unterschwellig oder nicht – angeblich stieg in dem Kino der Konsum von Cola um 18, der Popcornverbrauch sogar um 58 Prozent.

Vicarys Firma Subliminal Projection Co. wurde über Nacht bekannt und die Nachricht löste in den USA eine regelrechte Hysterie aus. Die Nachricht passte gut zu der Angst vor psychologischen Werbemethoden, die Vance Packards Buch «Die heimlichen Verführer» heraufbeschworen hatte.

Ein New Yorker Gericht verbot diese Form der Werbung, die Fernsehsender erklärten feierlich, auf die neue Methode freiwillig zu verzichten.

Reproduzieren ließen sich Vicarys Ergebnisse freilich kaum. Das kanadische Fernsehen machte 1958 einen Versuch, indem es

352-mal innerhalb einer halben Stunde die Nachricht «Telefoniere jetzt!» über den Bildschirm flimmern ließ. Von 500 befragten Zuschauern äußerte nur einer das Bedürfnis, zum Hörer zu greifen. Viele berichteten dagegen von spontanem Hunger oder Durst. Fragwürdig ist auch das Ergebnis einer Studie, bei der eine Gruppe von Studenten einen Film sah, bei dem das Wort «beef» («Rindfleisch») eingeblendet wurde. Sie artikulierten danach ein stärkeres Hungergefühl als eine Kontrollgruppe, die den Film ohne die Botschaft gesehen hatte. Kleiner Fehler im Versuchsdesign: Der unterschwellige Film wurde vor, der werbefreie Film nach dem Mittagessen gezeigt.

Vicary hat einige Jahre später in einem Interview mit der Zeitschrift *Advertising Age* zugegeben, dass seine Versuche nicht sehr seriös waren. «Ich hatte nur wenige Daten – zu wenige, als dass sie von Bedeutung gewesen wären.» Heute wird sogar bezweifelt, dass die Versuche je stattgefunden haben.

Trotz dieses offensichtlichen PR-Gags war der Glaube an die unterschwellige Werbung auch in den folgenden Jahrzehnten nicht totzukriegen. 1973 veröffentlichte Bryan Key den Bestseller «Subliminal Seduction» («Unterschwellige Verführung»), in dem er überall Geheimbotschaften meist sexuellen Inhalts sah – im Punktmuster auf einem Ritz-Cracker, in einem Foto mit Meeresfrüchten, im Namen der Zigarettenmarke «Kent». Das erinnert doch eher an die Leute, die beim Rorschach-Test in jedem Tintenklecks eine sexuelle Konnotation entdecken. Eltern haben die Rockgruppe Judas Priest beschuldigt, mit der unterschwelligen Botschaft «Do it!» («Tu's!») zwei Teenager in den Selbstmord getrieben zu haben (die Musiker wurden freigesprochen). Und christliche Fundamentalisten sehen Schweinkram in jedem Disney-Zeichentrickfilm.

Der Psychologe Stefan Müller, Marketingexperte an der Technischen Universität Dresden, fasst die heutigen Erkenntnisse über die unterschwellige Werbung so zusammen: «In sorgfältig kontrollierten Einzelversuchen können Vorgänge, die als unterschwellige Wahrnehmung bezeichnet werden, zu diffusen emotionalen Konditionierungen beziehungsweise Umbewertungen führen. Eine an den Erkenntnissen der modernen Verhaltenswissenschaften orientierte ‹überschwellige Werbung› wird jederzeit effizienter sein können als dieser selbst unter günstigsten Bedingungen allenfalls schwach wirkende Ansatz.» Mit anderen Worten: Die deutlich sichtbare Botschaft «Trink Coke!» wirkt besser als die unterschwellige.

Wenn die Werbung kommt, drehen die Fernsehsender den Ton lauter

Stimmt nicht ganz. Die Spots, die von den Werbetreibenden an die Sender gegeben werden, müssen technisch in Ordnung sein, und dazu gehört, dass sie einen bestimmten Lautstärkepegel nicht überschreiten dürfen. So gesehen ist also alles in bester Ordnung.

Nur hat der absolute Spitzenpegel nicht viel mit der empfundenen Lautstärke zu tun: Ein Spielfilm, in dem ein Schuss fällt und ansonsten geschwiegen wird, hat den gleichen Spitzenpegel wie ein Werbespot, in dem die ganze Zeit ein Musik-Jingle im gerade noch erlaubten Dezibel-Bereich dudelt. Der wichtigste Trick der Werbeleute ist die so genannte Kompression: Dabei werden die lauten Passagen eines Spots gedämpft und die leisen angehoben, was subjektiv lauter wirkt. Die «gefühlte Lautstärke» ist bei der Werbung also gewiss größer als beim normalen Programm.

Die Zeitschrift *Hörzu* hat einmal bei den größten Sendern nicht die Spitzenwerte, sondern die durchschnittlichen Pegel von Werbung und Programm verglichen. Ergebnis: Dieser Durchschnitt war bei der Werbung um bis zu 140 Prozent lauter, und zwischen den Sendern gab es erhebliche Unterschiede. Bei RTL zum Beispiel hob sich die Werbung kaum vom Programm ab. Das mag am Programm liegen – aber vielleicht gibt es bei RTL auch menschenfreundliche Tontechniker, die die Werbung einfach leiser drehen.

Die GEZ fährt mit Radarwagen durch die Straßen, um Schwarzseher aufzuspüren

Stimmt nicht. Auch wenn fast jeder meint, die Peilwagen mit der kreisförmigen Antenne schon einmal gesehen zu haben. Aber die kommen weder von der GEZ, noch dienen sie dem Aufspüren von nicht angemeldeten Fernsehgeräten.

Es ist wohl das schlechte Gewissen der Schwarzseher, das dem Gerücht ein so langes Leben beschert. Die Gebühreneinzugs-zentrale (GEZ) ist ja eigentlich eine recht zahnlose Behörde. Sie verfügt nicht über technische Mittel, um Schwarzseher aufzuspü-ren, sondern setzt auf die bekannten freundlichen Mitarbeiter des Außendienstes, die an der Wohnungstür gerne so hartnäckige Fragen stellen. Und die muss man ja nicht einmal hereinlassen. Auch dass die GEZ-Mitarbeiter Mülltonnen auf der Suche nach Fernsehzeitschriften durchwühlen, gehört wohl in das Reich der Legende.

Seit 1976 treibt die GEZ die Gebühren ein, vorher war der Brief-träger dafür zuständig. Die Post kümmerte sich damals auch um die Vergabe von Sendefrequenzen. Diese Aufgabe ist nun auf die Regulierungsbehörde für Telekommunikation und Post (RegTP) übergegangen. Und die schickt auch tatsächlich die besagten Wa-gen durch die Straßen – aber nicht, um Empfangsgeräte aufzuspü-ren, sondern um Sender ausfindig zu machen, die den Funkver-kehr stören. Das können Schwarzsender sein, aber in 80 Prozent der Fälle sind es einfach defekte Funkgeräte, etwa in Taxis. «Wir sind keine Schnüffler», beteuert Harald Dörr, Sprecher der RegTP, «aber selbst in der Bundesregierung hält sich das Gerücht, dass wir die Schwarzseher jagen.»

Wäre es denn wenigstens theoretisch möglich, Schwarzseher zu «peilen»? Beim Empfang wird jedes Fernsehgerät durch seine Bildröhre auch zum Sender. Es gibt ja zum Beispiel durchaus die

Möglichkeit, Computermonitore auf diese Weise «abzuhören». In der Frühzeit des Fernsehens war das vielleicht sogar eine Möglichkeit, zahlungsunwillige Zuschauer zu orten. Aber heute, wo in jedem Mietshaus Dutzende Fernseher gleichzeitig laufen, wäre der Versuch recht aussichtslos.

Die klebrige Substanz auf unter Bäumen geparkten Autos ist Läusekot

Stimmt. Im Frühling und Sommer klebt auf vielen Autos, die unter einem Baum geparkt haben, «die Scheiße der Blattläuse», wie es Wohlert Wohlers, Pressesprecher der Biologischen Bundesanstalt und davor Aphidologe (Läuseforscher), drastisch ausdrückt. Deshalb ist diese Plage auch nicht auf die Blütezeit der Bäume beschränkt, sondern dauert praktisch den ganzen Sommer lang.

Die kleinen Krabbelviecher sitzen auf den Bäumen und saugen aus dem so genannten Phloem, dem Gefäßsystem der Pflanzen, den Saft in sich hinein. Dieser Saft enthält vor allem Kohlenhydrate in Form von Zucker – besonders viel etwa beim Ahornbaum. Die Läuse dagegen sind außerordentlich scharf auf nahrhafte Proteine, und die sind im Phloem nicht in sehr hoher Konzentration vorhanden. Also müssen die Tierchen saugen, saugen, saugen. Den überschüssigen Zucker scheiden sie wieder aus. Daher der feuchte Film, der auch den schmeichelhaften Namen «Honigtau» trägt.

Auch wenn es praktisch nur Zucker ist – ganz ungefährlich ist das klebrige Zeug für den Lack nicht. Wenn es nicht schnell entfernt wird, können hässliche Dauerflecken auf dem Wagen entstehen. Um das zu vermeiden, sollte man im Sommer öfter mal in die Waschanlage fahren.

Wer das alles nun ziemlich eklig findet, der sollte beim nächsten Honigkauf genau aufs Etikett schauen: Bienen finden den Honigtau nämlich sehr köstlich und schlecken ihn gern von Bäumen und vom Waldboden auf. Alles, was unter «Waldhonig» oder «Tannenhonig» firmiert, hat den Weg durch den Läusedarm genommen, bevor die Biene es geschluckt und wieder ausgespuckt hat.

Autos, die bei einem Unfall in Brand geraten, können explodieren

Stimmt nicht. Auch wenn das im Film oft so dargestellt wird – im Kino herrschen eben eigene Gesetze. Und eines davon scheint zu sein, dass ein Auto, das bei einer Verfolgungsjagd einen Abhang hinunterstürzt, in einem lodernden Feuerball aufzugehen hat. Unfallexperten sind solche Bilder ein Dorn im Auge. «Brennende Autos explodieren nie», sagt Maximilian Maurer vom ADAC, «es sei denn, sie haben Sprengstoff an Bord.» Weil das Bild von der Explosion in vielen Köpfen verankert ist, traut sich bei Unfällen kaum jemand an brennende Autos heran, und so vergehen oft lebenswichtige Minuten.

Ein Fahrzeugbrand beginnt fast immer im Motorraum. Wenn alle Türen und Fenster geschlossen sind, greift das Feuer frühestens nach zehn Minuten auf die Fahrgastzelle über. In dieser Zeit steigen im Innenraum aber die Temperatur und die Konzentration giftiger Gase. Wenn sich bewusstlose Menschen im Wagen befinden, muss dieses Zeitfenster unbedingt genutzt werden, um sie aus dem Auto herauszuziehen! Sind beim Unfall Fensterscheiben zu Bruch gegangen, kann schon nach zwei Minuten der Innenraum brennen.

Und was ist mit dem Tank? Wenn er intakt und verschlossen ist, passiert bei einem Brand meist gar nichts. Selbst wenn er beschädigt ist, gibt es allenfalls eine Verpuffung, keine Explosion. Bei dieser so genannten Deflagration brennt das Benzin schnell und zischend mit einer Stichflamme ab, es entstehen aber keine Druckwellen wie bei einer Detonation.

Man spart Benzin, wenn man den Motor an der Ampel oder im Stau ausschaltet

Stimmt. Es ist mit dem Auto wie mit den Glühbirnen: Schon die kürzesten Ausschaltzeiten sparen Energie. Dass der Verbrauch beim Einschalten beziehungsweise Anlassen höher sei, ist eine Mär.

In der ARD-Sendung *Plusminus* wurde das einmal mit einem eindrucksvollen Versuch demonstriert: Am Auspuff eines Autos wurde ein Ballon befestigt, der das gesamte Abgas aufnahm. Zunächst lief der Motor eine Minute im Leerlauf – der Ballon wurde schön prall. Im zweiten Versuch wurde der Motor innerhalb einer Minute 15-mal gestartet und wieder ausgeschaltet – der Ballon füllte sich nur zur Hälfte. Der Startvorgang verbraucht also nicht besonders viel Benzin.

Die Bundesanstalt für Straßenwesen hat in Tests herausgefunden, dass es sich schon bei einem Stopp von etwa zehn Sekunden lohnt, den Motor auszuschalten – wenn man nur die Abgasmenge, also nur den Spritverbrauch betrachtet. Anders sieht die Sache aus, wenn man auch die im Abgas enthaltenen Schadstoffe berücksichtigt: «Die Abgaskomponente Kohlenwasserstoff reagiert sehr heftig auf den Stopp-/Startvorgang», heißt es. Eine Reduzierung ergebe sich erst bei etwa fünf Minuten Wartezeit. Ähnliches gilt für Kohlenmonoxid, weil es im Leerlauf kaum produziert wird. Den Ausstoß von Stickoxiden dagegen reduziert man schon bei einer Standzeit von fünf Sekunden. Wie der umweltbewusste Autofahrer diese verschiedenen Schadstoffklassen nun gegeneinander abwägen soll, darüber lässt uns die Bundesanstalt im Dunkeln.

Noch einmal zum Benzinverbrauch: Es gibt noch einige weitere einfache Tricks, mit denen man den Spritverbrauch vor allem in der Stadt um fast die Hälfte senken kann – etwa durch untertouriges Fahren, sehr frühes Schalten und einen erhöhten Reifendruck. Inzwischen gibt es einige Ökofahrschulen, die Autofahrern beibringen, wie sie ihren Wagen zum Dreiliterauto machen können.

Wenn man Zucker in den Tank eines Autos schüttet, ruiniert man damit den Motor

Stimmt nicht. Der Motor ist bei einem solchen Sabotageakt relativ ungefährdet – weil der Zucker es wohl nie bis in den Verbrennungsraum schafft. Je nach der Zuckermenge, die in den Tank geschüttet wird, könnte es sogar sein, dass der Besitzer von dem bösen Streich gar nichts bemerkt.

Zucker ist ein Kohlenhydrat, das in Kohlenwasserstoffen wie Benzin nicht löslich ist. Die Körnchen sinken also wie Sand auf den Boden des Tanks. Sollte sich dort Kondenswasser befinden, das ja auch schwerer ist als Benzin, können sich eventuell auch kleine, sirupartige Klümpchen bilden. Wenn die Zuckermenge groß genug ist, können die Körnchen oder Klümpchen einen der Filter der Benzinanlage verstopfen. Von denen gibt es einige – ihr Zweck ist ja gerade das Zurückhalten von Fremdkörpern, die auf irgendeine Weise in den Tank gelangt sind. Wenn feine Partikel alle Filter passieren und bis in die Einspritzanlage gelangen (einen Vergaser besitzt heute kaum noch ein Auto), kann der Schaden schon größer sein. Der Effekt bei allen Verstopfungen: Der Wagen bleibt stehen, weil der Motor keinen Sprit mehr bekommt. In den Motor selbst kann der Zucker nach menschlichem Ermessen nicht vordringen.

Wenn tatsächlich einmal ein Bösewicht Zucker in den Tank geschüttet hat, hilft nur eins: in die Werkstatt mit dem Wagen, den Tank ausbauen und reinigen lassen. Das kostet vielleicht 200 Euro, löst aber aller Voraussicht nach das Problem.

Der Autotachometer zeigt zehn Prozent mehr an, als die Geschwindigkeit wirklich beträgt

Stimmt nicht. Was der Tacho anzeigen soll und darf, hat der Gesetzgeber in einem Anhang zur Straßenverkehrszulassungsordnung (StVZO) akribisch festgelegt. Vor 1990 galt die folgende Regel: Generell sollte der Tacho nie zu wenig anzeigen. Oberhalb von 50 Kilometern pro Stunde durfte die Differenz zwischen angezeigter und tatsächlicher Geschwindigkeit höchstens sieben Prozent des «Skalenendwerts» betragen. Früher mag das vernünftig gewesen sein – heute gehen viele Tachos bis 250 und da entsprechen 7 Prozent 17,5 Kilometern pro Stunde. Es wäre demnach bei Tempo 50 eine Tachoanzeige von 67,5 zulässig gewesen.

Seit 1990 hält sich Deutschland an die strengere Verordnung Nr. 1463/70 der EU. Demnach darf der Tacho ebenfalls niemals zu wenig anzeigen. Und für die Abweichung gilt: Wenn v_1 die angezeigte und v_2 die tatsächliche Geschwindigkeit ist, so muss die folgende Ungleichung erfüllt sein:

$$0 \leq v_1 - v_2 < \frac{v_2}{10} + 4 \, \text{km/h}$$

Anders ausgedrückt: Die Abweichung darf 10 Prozent der tatsächlichen Geschwindigkeit plus 4 km/h betragen. Geprüft werden die Tachos bei Tempo 40, 80 und 120, anzeigen dürfen sie maximal 48, 92 und 136 Kilometer pro Stunde.

Kann man sich also als Autofahrer darauf verlassen, dass die Hersteller diese Toleranz voll ausschöpfen? Lieber nicht. Moderne elektronische Tachometer lassen sich sehr genau justieren, deshalb beträgt die Abweichung meist nur wenige Kilometer pro Stunde.

Aus Wissenschaft und Technik

Auf der Südhalbkugel der Erde dreht sich der Badewannenstrudel andersherum als auf der Nordhalbkugel – wegen der Corioliskraft

Stimmt nicht. Die Legenden über diese wundersame Auswirkung der Corioliskraft sind vielfältig. So berichtet ein Afrika-Tourist von einem geschickten Eingeborenen eines am Äquator gelegenen Dorfes, der das folgende Kunststück vorführt: Er hält eine Schüssel mit Wasser, auf dem Blätter schwimmen. Durch ein Loch am Boden fließt das Wasser ab. Stellt er sich ein paar Meter nördlich des Äquators hin, so wirbeln die Blätter in der einen Richtung, ein paar Meter südlich des Äquators dreht sich der Strudel in der anderen Richtung. Steht der Mann genau auf dem Äquator, dann fließt das Wasser strudellos ab.

Wenn die Geschichte wahr ist und nicht selber eine Legende, dann ist der Mann ein geschickter Taschenspieler, der dem Wasser durch heimliche, unmerkliche Rotationsbewegungen den jeweils richtigen Drehsinn verpasst. Um die Corioliskraft wirksam werden zu lassen und andere Störkräfte dabei auszuschalten, hätte er (nach den Berechnungen eines Lesers einer amerikanischen Wissenschaftszeitschrift) die Schüssel auf eine millionstel Bogensekunde genau (das sind 0,0000000003 Grad) waagerecht halten müssen.

Die Corioliskraft ist eine Trägheitskraft, die in allen rotierenden Systemen zum Tragen kommt, und auf der Erde wirkt sie sich tatsächlich auf Strudel aus: Sie sorgt zum Beispiel dafür, dass auf der Nordhalbkugel die Winde alle Hochdruckgebiete im Uhrzeigersinn umwehen und alle Tiefdruckgebiete gegen den Uhrzeigersinn – auf der Südhalbkugel ist es genau umgekehrt. Dass die Corioliskraft in diesem Fall in Erscheinung tritt, liegt vor allem an der großen Ausdehnung von Hoch- und Tiefdruckgebieten: Der nördliche und der südliche Rand sind einfach weit genug voneinander entfernt, um einen Trägheitsunterschied wirksam zu machen. In der Badewanne dagegen übertrifft die Wirkung aller zufälligen Bewegungen, die durch die Wirbel beim Wassereinlassen (und beim Baden) entstanden sind, die der Corioliskraft um mehrere Größenordnungen. Professor John McCalpin von der University of Delaware schätzt den Faktor auf etwa 10 000. Um die Corioliskraft zu bemerken, müsste man nach Berechnungen des Mathematikers Michael Page von der australischen Monash University die Badewanne um den Faktor 500 vergrößern und das Wasser einige Tage zur Ruhe kommen lassen.

Eine Münze, die aus der Höhe des Empire State Buildings geworfen wird, kann den Schädel eines Passanten durchschlagen

Stimmt nicht. Würde in New York ein Vakuum herrschen, könnte die Sache tatsächlich gefährlich werden: Bei einer Höhe von 380 Metern würde die Münze mit einer Geschwindigkeit von 310 Kilometern pro Stunde unten ankommen (eine Feder übrigens auch). In der Wirklichkeit bremst aber die dicke Luft von Manhattan den Fall. Die Gegenkraft, die der Luftwiderstand erzeugt, wächst nämlich proportional mit der Geschwindigkeit – irgendwann ist eine Grenzgeschwindigkeit erreicht und die Münze wird nicht mehr schneller.

Wie hoch ist diese Grenzgeschwindigkeit? Das lässt sich nicht so einfach ausrechnen, weil es mit der Form der Münze zu tun hat, und Strömungen zu berechnen ist sehr kompliziert. Eine Münze fällt aber nicht pfeilgerade mit der Kante nach unten (das wäre sehr strömungsgünstig), sondern sie beginnt zu taumeln und zu tanzen, und das bremst. Jessen Yu, einer meiner amerikanischen Kollegen, der im *Stanford Daily* in Kalifornien Leserfragen beantwortet, kam auf eine besonders gewitzte Methode, die Grenzgeschwindigkeit herauszufinden: Er befestigte eine 1-Cent-Münze an einem Faden, den er bei der Fahrt aus dem Fenster seines Autos hielt. Die Überlegung: Wenn der Faden genau einen Winkel von 45 Grad mit dem Boden bildet, dann ist (Kräfteparallelogramm!) die Kraft, die durch den Luftwiderstand erzeugt wird, so groß wie die Schwerkraft. Und das war bei etwa 40 Kilometern pro Stunde der Fall.

Nehmen wir das Ergebnis mal als Schätzwert – jedenfalls kann eine Münze bei solchen Geschwindigkeiten nicht viel anrichten: NASA-Techniker haben im Fallturm ihres Schwerelosigkeitslabors in Cleveland im US-Staat Ohio schon einmal Pennys aus 130 Me-

ter Höhe heruntergeworfen. Laborleiter Dennis Thompson geht davon aus, dass man die taumelnde Münze mit der Hand fangen könnte – auch wenn es vielleicht ein bisschen auf der Haut brennt. Getraut hat er sich allerdings nicht.

Anders sieht es mit aerodynamisch günstiger geformten Flugobjekten aus. Der NASA-Forscher warnt ausdrücklich vor Füllhaltern. Und Gewehrkugeln, die in die Luft geschossen wurden und im freien Fall wieder herunterkommen, können Menschen töten (siehe Seite 292).

Wenn bei einem Freudenfest in die Luft geschossen wird, können die herabfallenden Kugeln Menschen töten

Stimmt. Auf Seite 289 habe ich mich mit der Frage beschäftigt, ob eine von einem Hochhaus geworfene Münze lebensgefährlich werden könnte. Die Antwort: Eher nicht, die Fallgeschwindigkeit des trudelnden Geldstücks ist mit etwa 40 km/h zu gering. Gewehr- und Pistolenmunition ist aber aerodynamisch «günstiger» geformt. Und das macht einen tragischen Unterschied aus: So kam am 4. Juli 1999 ein 9-jähriger Junge in Los Angeles im «Kugelhagel» der Feiern zum amerikanischen Unabhängigkeitstag zu Tode, und er war beileibe kein Einzelfall. 38 Menschen starben allein im Großraum Los Angeles zwischen 1985 und 1992 durch herabfallende Gewehrkugeln, meist bei ausgelassenen Feiern zum Independence Day oder an Silvester.

Die Physik dahinter: Die Kugel verlässt die Mündung mit einer Geschwindigkeit von etwa 3000 km/h und kann bis zu drei Kilometer hoch in die Luft steigen. Die Austrittsgeschwindigkeit ist aber für die Wirkung letztlich nicht relevant. Denn am Scheitelpunkt der Flugkurve kommt das Projektil ja zum Stillstand, und beim Herunterfallen beschleunigt es so, als hätte man es aus dieser Höhe fallen lassen. Der Luftwiderstand sorgt dafür, dass die Kugel nach einiger Zeit eine konstante Endgeschwindigkeit erreicht. Nach Berechnung der amerikanischen Schusswaffenlobby NRA (und die kennt sich wohl aus) beträgt diese Geschwindigkeit zwischen 300 und 500 km/h. Schon ab 200 km/h aber kann ein Geschoss die menschliche Schädeldecke durchschlagen.

Da kann man nur froh sein, dass bei uns die Verbreitung von Handfeuerwaffen etwas rigider gehandhabt wird.

Wegen der Erdrotation fliegt man von Ost nach West schneller als von West nach Ost

Stimmt nicht. Es ist sogar umgekehrt: Von Frankfurt nach New York, also gegen die Erddrehung, braucht man über eine Stunde länger als in die entgegengesetzte Richtung.

Die Vorstellung, dass sich «die Erde unter dem Flugzeug wegdreht», ist also irrig. Der Grund für die unterschiedlichen Flugzeiten sind die starken Westwinde, die in unseren Breiten im Schnitt mit etwa 100 Kilometern pro Stunde wehen. Sie geben dem Flug gen Osten den beschleunigenden Rückenwind.

Trotzdem spielt die Erdrotation eine Rolle bei diesem Phänomen, und zwar wegen des legendären Coriolis-Effekts. Der ist zwar zu klein, um sich auf Badewannenstrudel und Eisenbahnschienen auszuwirken (siehe Seite 287), auf große meteorologische Phänomene hat er aber einen Einfluss. In unserem Fall ist es so: In der Äquatorregion steigt warme Luft nach oben und wird in etwa zehn bis zwölf Kilometern Höhe nach Norden und Süden abgelenkt. Jeder Punkt am Äquator dreht sich mit 1667 Kilometern pro Stunde von West nach Ost, und diesen «Schwung» bekommt die Luft mit. Je weiter man nach Norden kommt, desto geringer ist aber die Drehgeschwindigkeit auf dem Erdboden, der Nordpol steht gänzlich still. Die vom Äquator kommenden Luftmassen werden deshalb nach Osten abgelenkt – ein Westwind ist die Folge, sowohl auf der Nord- als auch auf der Südhalbkugel.

Flugzeuge lassen beim Landeanflug routine-mäßig Kerosin ab

Stimmt nicht. *Fuel dump* heißt in der Fliegersprache das Ablassen von Kerosin, und es ist bei weitem kein Standardmanöver – im Jahr 2002 mussten im deutschen Luftraum 34 Piloten zu dieser Notmaßnahme greifen, etwa die Hälfte davon saß im Cockpit einer Militärmaschine.

In der zivilen Luftfahrt verfügen nur die Langstreckenjets wie die Boeing 747 oder der Airbus A 340 überhaupt über die entsprechenden Ablassventile. Bei diesen Flugzeugen ist nämlich in voll getanktem Zustand das Startgewicht manchmal mehr als 100 Tonnen höher als das zulässige Landegewicht. Wenn dann kurz nach dem Start ein Notfall eintritt, der eine Rückkehr zum Ausgangsflughafen erforderlich macht, dirigieren die Fluglotsen den Jet über unbewohntes Gebiet, und dort lässt der Pilot in vier bis acht Kilometer Höhe das Kerosin ab. Das wird dann in feinste Tröpfchen verwirbelt. Höchstens acht Prozent des Treibstoffs kommen tatsächlich am Boden an, der Rest verdampft und wird früher oder später durch das Sonnenlicht zersetzt.

Die so genannten Wirbelschleppen an den Tragflächen von landenden Flugzeugen, die man bei feuchtem Wetter manchmal beobachten kann, haben dagegen nichts mit Kerosin zu tun – sie bestehen aus harmlosem Wasserdampf.

Supertanker haben einen Bremsweg von über 50 Kilometern

Stimmt nicht. Die Trägheit des Tankers beim Manövrieren und Bremsen ist ja sprichwörtlich, und der Volksmund neigt, wie wir wissen, zu Übertreibungen. Und sicherlich wird die Weisheit auch in so manchem Managementseminar zur Illustration der Unbeweglichkeit großer Organisationen verwendet.

Kapitän Michael Oberländer, der sich beim Germanischen Lloyd speziell mit Schiffssicherheit beschäftigt, rückt die Sache gerade: Es gibt eine Bestimmung der internationalen Schifffahrtsorganisation IMO, nach der jeder Tanker bei der Probefahrt nachweisen muss, dass er innerhalb von 15 Schiffslängen zum Stehen kommt, wenn der «Gashebel», der bei Schiffen Maschinentelegraf genannt wird, von «voll voraus» auf «voll zurück» gestellt wird. Bei sehr großen Schiffen kann der Flaggenstaat eine Stoppstrecke von bis zu 20 Schiffslängen genehmigen. Für 300-Meter-Supertanker heißt das also: Der Bremsweg ist höchstens sechs Kilometer lang. Das ist allerdings immer noch eine ziemlich lange Strecke.

Allerdings ist diese Art zu bremsen kein Standardmanöver. Das Schiff würde dabei nämlich nicht «in der Spur» bleiben, sondern allmählich von der Kurslinie abweichen. Außerdem gibt es – jedenfalls wenn genügend Platz ist, also auf offener See – eine effektivere Methode, den Zusammenstoß mit einem Hindernis zu vermeiden: Man wirft das Ruder herum. Der Wendekreis eines Tankers liegt nämlich bei maximal fünf Schiffslängen. Der Kapitän muss also keinesfalls tatenlos zusehen, wenn vor ihm ein Eisberg oder ein anderes Hindernis auftaucht.

Der 13. eines Monats fällt besonders oft auf einen Freitag

Stimmt. Auch wenn es der gesunde Menschenverstand zunächst nicht glauben mag. Die spontane mathematische Intuition sagt dem aufgeklärten Mitteleuropäer: Es gibt sieben Wochentage. Weil weder 365 noch 366 (Schaltjahr) durch 7 teilbar sind, verschiebt sich der 1. Januar (und mit ihm alle Daten) jährlich um einen oder zwei Tage. Auf lange Sicht müsste da doch jeder Wochentag dieselben Chancen haben, dass ein 13. auf ihn fällt.

Dass dies nicht so ist, liegt am gregorianischen Kalender. Nach dem ist nämlich nicht alle vier Jahre ein Schaltjahr: Glatte Hunderter, die nicht durch 400 teilbar sind, fallen aus dem gregorianischen System heraus (also etwa 1700, 1800 und 1900; das Jahr 2000 dagegen hatte einen 29. Februar). Diese zunächst mal kompliziert aussehende Regel wurde von Papst Gregor eingeführt, weil das Jahr eben nicht genau einen viertel Tag länger ist als 365 Tage. So wird auch auf lange Sicht sicher gestellt, dass sich der Jahresanfang nicht verschiebt und irgendwann mal in den Sommer fällt.

Das Schema des gregorianischen Kalenders wiederholt sich logischerweise alle 400 Jahre. Und wenn man nachrechnet, stellt man fest, dass diese 400 Jahre genau 146 097 Tage haben, und diese Zahl ist durch 7 teilbar. Das bedeutet: Der 1. 1. 2000 fiel auf denselben Wochentag wie der 1. 1. 1600, und so geht es alle 400 Jahre, bis irgendwann ein weiterer Schalttag eingefügt werden muss, um den Kalender mit dem Lauf der Erde in Einklang zu bringen.

400 Jahre haben nun aber genau 4800 Monate und entsprechend viele 13. Diese Zahl ist nicht durch 7 teilbar, also kann es gar keine Gleichverteilung auf die Wochentage geben. Und wenn man sich die Mühe macht, die Zahlen für die einzelnen Wochentage zu bestimmen (oder das einen Computer machen lässt), dann sieht man, dass der 13. am häufigsten auf einen Freitag fällt,

nämlich 688-mal in 400 Jahren (der Durchschnitt der Wochen-
tage ist 685,71). Es gibt in vier Jahrhunderten etwa zwei schwarze
Freitage «zu viel». Wie viel Unglück diese Abweichung über die
Welt bringt – darüber wollen wir gar nicht erst nachdenken.

Der Blitz geht von unten nach oben

Stimmt. So ein Blitz ist eine ganz schön komplizierte Sache und auch längst noch nicht vollständig verstanden. Es beginnt damit, dass in einer Gewitterwolke geladene Teilchen voneinander getrennt werden – die positiven wandern nach oben, weil sie leichter sind, die negativen sammeln sich im unteren Teil der Wolke an. So entsteht eine Spannung innerhalb der Wolke, zwischen einzelnen Wolken, aber auch zwischen Wolke und dem nicht geladenen Boden. Irgendwann wird die Spannung so groß, dass auch die eigentlich sehr gut isolierende Luft die Entladung nicht mehr verhindern kann.

Dabei entsteht zuerst ein so genannter Vorblitz, der sich von der Wolke auf einem Zickzackkurs einen Weg zum Boden sucht. Der schafft den Blitzkanal, in dem dann später die eigentliche Entladung stattfindet. Kommt die Spitze des Vorblitzes in die Nähe eines Baumes, einer Antenne oder eines Kirchturms, so wächst ihm von dort ein kleines Blitzchen entgegen. Sobald die beiden Äste sich getroffen haben, ist die «Leitung» zwischen Boden und Wolke geschlossen, und der eigentliche Blitz kann sich entladen – mit einer Geschwindigkeit von bis zu 100 000 Kilometern pro Sekunde, also einem Drittel der Lichtgeschwindigkeit.

Im Blitzkanal herrscht dabei eine Temperatur von 30 000 Grad. Weil sich die plötzlich erhitzte Luft schlagartig ausdehnt, entsteht eine Druckwelle, die wir als Donner hören können.

Die Entladung pflanzt sich tatsächlich von unten nach oben fort. Die Ladungsträger fließen aber selbstverständlich immer vom negativen Pol zum positiven, also von der Wolkenunterseite zur Erde.

Mit einem Hauptblitz ist es meistens nicht getan. Nach dem ersten Hauptblitz folgt ein kleinerer von oben nach unten und dann wieder ein großer von unten nach oben. Die mehrfachen Entla-

dungen nehmen wir manchmal als Flackern wahr, das gesamte Spektakel dauert wenige Zehntelsekunden. Fazit: Wenn man mit «Blitz» die sichtbare Hauptentladung meint, dann geht der Blitz tatsächlich von unten nach oben.

Astronauten platzen, wenn sie ins Vakuum des Weltalls geschleudert werden

Stimmt nicht. Auch wenn der Aufenthalt im Vakuum alles andere als angenehm ist – zerplatzen würde man nicht. Da ist die Darstellung in Stanley Kubricks Film «2001: Odyssee im Weltraum» schon realistischer (der Meister hat sich überhaupt genauer an die Gesetze der Physik gehalten als die meisten Science-Fiction-Filmer). Dort überlebt ein Astronaut einen unfreiwilligen Weltraumspaziergang.

Nach der übereinstimmenden Darstellung von Weltraumexperten würde sich die Sache etwa so abspielen: Wenn der plötzliche Druckabfall, der mit dem zu schnellen Aufstieg eines Tauchers vergleichbar ist, keinen Schaden anrichtet, wird der Astronaut nach etwa zehn Sekunden aufgrund des Sauerstoffmangels das Bewusstsein verlieren (ein Tipp, falls sie je in die Situation kommen: nicht die Luft anhalten, damit der Überdruck aus der Lunge entweichen kann!). Solange das Herz schlägt, wird der Blutdruck einigermaßen aufrechterhalten. Das verhindert auch, dass das Blut zu kochen beginnt, was manchmal fälschlich behauptet wird. Allenfalls auf der Zunge könnte es durch kochenden Speichel etwas kribbeln.

Wenn der Mensch innerhalb einer Minute wieder in eine lebensfreundlichere Umgebung zurückgebracht wird, so besteht eine gute Chance, dass er den Unfall ohne bleibende Schäden überlebt – es hat schon entsprechende Notfälle beim Test von Raumanzügen gegeben. Dauert der Aufenthalt im Vakuum zu lange, so stirbt der Astronaut an Ersticken oder Herzstillstand. Dieses Schicksal erlitt die Besatzung der sowjetischen Raumkapsel Sojus 11, als in ihrem Raumschiff aufgrund eines defekten Ventils ein totaler Druckverlust eintrat.

Ein toter menschlicher Körper, der längere Zeit durchs Weltall

triebe, würde auf die Dauer zu einer gefriergetrockneten Mumie.
Und die Haut wäre durch die starke UV-Strahlung ziemlich ver-
brannt.

Die Nasa hat für zwölf Millionen Dollar einen «Spacepen» entwickelt – die Russen benutzen Bleistifte

Stimmt nicht. Die russische Raumfahrtagentur verlässt sich in vielen Fällen auf einfachere, aber robustere Techniken und fährt damit offensichtlich gut – die Sojus-Kapseln aus den sechziger Jahren fliegen noch heute, während das amerikanische Spaceshuttle (eine Technik der Siebziger) längst nicht so zuverlässig funktioniert. Auf diese russische Bodenständigkeit ist die Geschichte vom Hightechkuli gemünzt. Sie wird auch des Öfteren in Zeitungsartikeln erwähnt, doch sie ist unwahr.

Erstens: Der «Spacepen», den inzwischen jeder kaufen kann, wurde nicht von der Nasa entwickelt. Der Stift, dessen Mine ständig unter Druck steht und der deshalb unabhängig von der Schwerkraft funktioniert – sogar unter Wasser –, ist eine Erfindung des Geschäftsmanns Paul Fisher. 1967 kaufte die Nasa nach umfangreichen Tests 400 Stifte bei Fishers Firma, zum Stückpreis von 2,95 Dollar.

Zweitens: Fisher steckte nur rund eine Million Dollar in die Entwicklung des Wunderstifts.

Drittens: Die russischen Kosmonauten schreiben schon lange nicht mehr mit Bleistiften. Auch wenn diese technisch robust sind, so haben sie doch den Nachteil, dass sie ständig feinen Graphitstaub absondern – und der schwebt in der Schwerelosigkeit unkontrolliert durch die Kapsel. Bricht gar die Spitze ab, dann kann sie sich in die Atemwege der Raumfahrer oder in irgendein wichtiges elektronisches Gerät verirren, mit eventuell katastrophalen Folgen. Schon seit 1969 beziehen auch die Russen ihre im Weltraum eingesetzten Kulis von Fisher.

Die Herstellung einer Solarzelle benötigt mehr Energie, als die Zelle während ihrer gesamten Lebensdauer produziert

Stimmt nicht. Das mag bei den ersten Solarzellen so gewesen sein, aber schon lange gehört diese oft wiederholte Behauptung ins Reich der Legenden. Die Amortisationszeit – also die Zeit, die eine Solarzelle Strom liefern muss, um die in ihre Produktion gesteckte Energie wieder zurückzuliefern – variiert je nach Typ des Elements und natürlich auch nach dem Aufstellungsort. Man kann aber grob sagen, dass zwischen zwei und sechs Jahren verstreichen, bis sich die Investition energetisch rechnet.

Die zweite wichtige Zahl in diesem Zusammenhang ist der so genannte Erntefaktor: Bei dem berücksichtigt man die Lebensdauer und rechnet aus, das Wievielfache der zur Produktion nötigen Energie insgesamt gewonnen wird. Bei Solarzellen liegt dieser Faktor zwischen 5 und 20. Thermische Sonnenkollektoren erreichen höhere Erntefaktoren, bei Windkraftanlagen kann der Wert bis zu 90 betragen.

Und wie ist es mit anderen Energieträgern? Atomkraftwerke erreichen einen Erntefaktor von 100, für Kohlekraftwerke habe ich die Zahl 60 gefunden. Diese Energiebilanz ist natürlich keine Umweltbilanz – während bei regenerativen Energieerzeugern nach der Produktion der Strom sozusagen «kostenlos» fließt, braucht ein Kohle- oder Gaskraftwerk ständig Nachschub an fossilen Brennstoffen und stößt mit jeder Kilowattstunde auch CO_2 in die Atmosphäre aus.

Dass nicht mehr Strom mit Solarzellen produziert wird, hat wenig mit diesen Energiebilanzen zu tun – es liegt hauptsächlich daran, dass sie im Vergleich mit anderen Arten der Energieerzeugung sehr teuer sind.

Je nach Windrichtung werden Geräusche mehr oder weniger weit getragen

Stimmt. Aber wie schafft es eine Luftströmung, die sich mit wenigen Metern pro Sekunde bewegt, Schallwellen zu «tragen», deren Geschwindigkeit 330 Meter pro Sekunde beträgt? An der minimalen Beschleunigung der Schallausbreitung kann es nicht liegen.

Es hat etwas mit Brechung zu tun. Denn nicht nur Lichtwellen, auch Schallwellen können gebrochen werden. Normalerweise breitet sich der Schall von seiner Quelle aus geradlinig und kugelförmig aus. Bei Wind ändert sich das. Das liegt daran, dass die Windgeschwindigkeit in den unterschiedlichen Luftschichten nicht konstant ist, meist nimmt sie vom Boden aus nach oben hin zu. Das bedeutet, dass der Schall bei Rückenwind in der Höhe zusätzlichen Schub bekommt. Die Folge: Die Schallwellen werden gebrochen und ändern ihre Richtung – wie Lichtstrahlen, die in ein anderes Medium mit höherer optischer Dichte eintreten.

Der Rückenwind lenkt nun in der Höhe Wellen, die den Zuhörer sonst nicht erreichen würden, zum Boden hin ab – sie können auf diese Weise sogar Hindernisse wie Mauern oder Häuser überwinden. Die entfernte Blaskapelle klingt sehr laut.

Spielt sie allerdings gegen den Wind, werden die Schallwellen vom Boden weggebrochen und quasi in den Himmel geschickt. Der Schallpegel sinkt, es kann sogar ein «Schallschatten» entstehen, in dem praktisch nichts von der Musik zu hören ist, obwohl zwischen der Kapelle und dem Zuhörer kein Hindernis steht.

Man kann auch ausgeschaltete Handys abhören

Stimmt. Ein eingeschaltetes Handy ist leicht zu orten – es hält Kontakt mit den nächstgelegenen Funkmasten, so weiß der Netzbetreiber stets, in welcher Funkzelle sich das Gerät befindet. Das heißt in dichtbesiedelten Gebieten: bis auf 50 oder 100 Meter genau.

Aber geht das auch, wenn das Gerät ausgeschaltet ist und sich nicht mehr aktiv im Netz anmeldet? Der Aus-Schalter in modernen Mobiltelefonen tut längst nicht mehr das, was wir uns darunter vorstellen – nämlich sämtliche Aktivitäten des Geräts unterbrechen. Das kann man zum Beispiel daran sehen, dass man sich von den meisten Handys wecken lassen kann, auch wenn das Gerät ausgeschaltet ist. Zur gewünschten Weckzeit erwacht das scheintote Telefon plötzlich zum Leben und beginnt zu piepsen.

Das unmanipulierte Handy des Durchschnittsbenutzers ist in diesem Schlummerzustand abhörsicher. Damit das Gerät nur so tut, als ob es aus wäre, in Wirklichkeit aber sendet, muss seine Software manipuliert werden. Das ist prinzipiell möglich, sogar ohne dass der Abhörende das Handy in die Finger bekommt. Manche modernen Geräte – Sicherheitsexperten erwähnen vor allem das Modell Razr von Motorola und die 900er-Serie von Samsung – erlauben eine Aktualisierung der Software über das Netz. Eigentlich als Möglichkeit zur Fernwartung gedacht, können prinzipiell auch ungebetene Zuhörer auf diesem Weg ein Mobiltelefon zu einer Wanze umfunktionieren. Anfang Dezember wurde im Rahmen eines Prozesses gegen zwei New Yorker Mafiaverdächtige bekannt, dass das amerikanische FBI offenbar diese Methode genutzt hat, um die Beschuldigten abzuhören. Eine Bestätigung dafür ist von den Berufsspionen natürlich nicht zu bekommen, und auch Handyhersteller und Netzbetreiber hüllen sich in vielsagendes Schweigen.

Wer wirklich absolut sicher sein will vor ungebetenen Mithö-
rern, der hält sich an die Vorschrift, die in Vorstandsetagen oder
Kabinettsrunden bei wichtigen Besprechungen gilt: Da müssen die
Teilnehmer ihre Handys nicht nur ausschalten, sondern auch den
Akku herausnehmen. Dann geht wirklich nichts mehr.

Blitzlichtaufnahmen im Museum schaden den Gemälden

Stimmt nicht. Es gibt einige Gründe, das Fotografieren in Museen zu reglementieren: Bei jüngeren Kunstwerken drohen Urheberrechtsprobleme, andere Besucher könnten sich durch das Hantieren mit Kameras und insbesondere durch Blitze gestört fühlen, und schließlich will auch der Museumsshop Postkarten verkaufen. Das wird gern damit begründet, dass die Kunst durch den Blitz Schaden nimmt – aber das ist Unfug.

Zunächst einmal: Licht lässt alle Farbstoffe ausbleichen. Das merkt jeder, der Wäsche zu lange in der Sonne trocknen lässt oder einen alten Kassenbon kaum noch lesen kann. Museen müssen immer einen Kompromiss finden zwischen dem Schutz der Bilder vor Licht und dem Interesse der Besucher, die möglichst viel sehen wollen.

Grundsätzlich ist der Effekt des Lichts auf die Farbstoffe kumulativ: Je mehr Licht auf ein Bild fällt, desto größer ist der Schaden. Das Blitzlicht ist nicht per se schädlicher als das Tages- oder Kunstlicht im Raum, es kommt auf die Gesamtdosis der Photonen an.

Kunstexperten haben die Wirkung des Tages- und Blitzlichts auf Kunstwerke geschätzt, es gibt sogar ein Buch darüber: «Effects of Light on Materials in Collections: Data on Photoflash and Related Sources» von Terry Schaeffer vom Getty Conservation Institute. Grob zusammengefasst: Vom Blitz einer Amateurkamera fallen in einer tausendstel Sekunde etwa so viele Photonen auf ein Bild wie sonst in einer Sekunde bei recht schummriger Beleuchtung.

Werden von einem berühmten Gemälde täglich 300 Blitzaufnahmen gemacht, dann ist die Wirkung dieselbe, als wenn man das Licht im Museum fünf Minuten länger brennen ließe. Also praktisch zu vernachlässigen. Viel wirksamer als ein Blitzverbot ist die sorgfältige Einstellung der Beleuchtung im Museum.

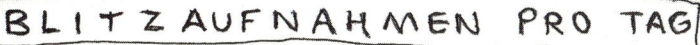

Register

13. eines Monats   297

Abschrecken 104
ADH (Enzym) 56, 92
Aerodynamik 19
Aflatoxin 109
Alkohol 47, 48, 56, 92, 96,
    122, 124, 126, 128
Alkoholiker 47, 48, 126, 128
Aluminium 45, 80, 256
Aluminiumfolie 256
Alzheimer 45
Amazonas 69
Anbraten 114
Äquator 70f., 286, 294
Armstrong, Neil 222
Artefakt, postmortales 152
Astronauten 302
Audio-CD 259
Aufschwung 244f.
Aufwärmen 101
Autobahn 213
Autos 278, 280f., 283, 289

Baby 38, 67f., 165, 168
Backofen vorheizen 270
Badewannenstrudel 286, 294
Bayern 137
Beethoven, Ludwig van 259

Bevölkerungsexplosion 184
BH 182
Bier, alkoholfreies 128
Blitz 263, 299, 301
Blitzlicht 271, 310
Blut 14, 40, 50, 52, 54, 91, 92,
    99, 136, 162, 168, 236, 238,
    302
Blutplasma 54
Bremsweg 296
Briefmarken 138
Brötchen 108, 168
Buchdruck 198

Campari 119
Candirú 69
Canthaxanthin 29
Chimborazo 71
Churchill, Winston 216, 218
Coca-Cola 88, 212
Cochenillelaus 119
Cola 37, 85-88, 212, 271
Cook, James 66
Copyright 140
Corioliskraft, -Effekt 11, 287 f.,
    294
Coubertin, Pierre de 228, 240
Cyanacrylat 50
Cystein 108

313

Damenstrumpf, reißfester 248

Dämmerung 70

Delirium 48

Disney, Walt 16f., 272

Diuretische Wirkung 92

Durchheizen 267

Eid, hippokratischer 36

Eier 12, 104

Eisenmangel 110

Eiserner Vorhang 216

Elbrus 73

Elfenbeauftragte 77

Elfmeter 241

Empathie 157

Empire State Building 62

Entschlacken 84

Erdbeeraroma 113

Erde 58, 70f., 180, 184, 190f., 195, 260, 263, 286, 294, 297, 299

Erdrotation 294

Erkältungen 51

Erntefaktor 305

Eskimos 74

Essen, abendliches 83

Ethylen 112

Explosion 280

Fahne 122, 228

Fastenkuren 84

Fettverbrennung 230

Fingernägel 152

FI-Schalter 260

Fische 33, 69, 117

Flamingos 29

Fleisch 85, 100, 110, 114, 214

Föhn 260

Freitag 297f.

Frosch 32

Fuel dump 295

Fuselöle 122

Fußball 241, 242

Gähnen 157, 269

Geburten 38, 67, 184, 244

Geburtenrate 67, 184

Gehirn 48, 152, 155, 162, 168, 236

Geldscheine 138, 146

Gemälde 310

Getränke 91, 92, 96

Gewehrkugeln 291, 292

Gewitter 263, 299

GEZ 275

Gladiatoren 189

Glas 12, 92, 93, 120f., 136, 158, 167, 246, 266

Glas, gemahlenes 136

Glühbirnen 264f., 281

Goldfinger 150f.

Gorbatschow, Michail 255

Grundgesetz 137

Gutenberg, Johannes 198

Haare 108, 152f., 160f.
Handys 308f.
Happy Birthday 140
Heine, Heinrich 209
Henkersmahlzeit 144
Herz 40, 220, 230f., 250, 302
Hitler, Adolf 213, 214f.
Höhenangst 62
Honecker, Erich 225
Honigtau 278
Hornberger Schießen 201f.
Hornissen 21
Hühnerknochen 34
Hummeln 19
Hunde 12, 34, 157

Impotenz 238
Indiana 131f.
Indianer 62, 64
Island 77

Japaner 56, 180
Joggen 230
Joghurtdeckel 45
Johanna, Päpstin 192f.

Kaffee 91, 92, 148
Känguru 66
Karmin 119
Karotinoide 29
Kartoffeln 103, 112
Kernkraftwerk 268
Kerosin 295

Knochenbau, schwerer 166
Kokain 88, 142
Kokosmilch 54
Kolumbus, Christoph 190, 195
Kompression 274
Körperzellen 148, 162
Kupfernagel 26
k-Wert 267

Lächeln 177
Lachs 29, 33, 117f.
Laktase 58
Laktose 58
Läusekot 278
Lemminge 16f.
Lenin, Wladimir I. 203
Lippen-Fettstifte 47
Lübke, Heinrich 220f.
Luft, verbrauchte 269
Lungenkrebs 42
Luther, Martin 196

Made in Germany 210
Magenkrämpfe 236
Marathonlauf 236, 240
Marie Antoinette 205
Marienkäfer 22
Marlboro-Mann 42
Marx, Karl 204
Mäuse, weiße 48
Medizin, chinesische 57
Mendel'sche Gesetze 163, 169
Menstruation 180

Milchsäure 232
Minirock 244
Missionarsstellung 59
Mondlandung 222, 225
Mondphasen 38, 180
Mont Blanc 73
Motor 280, 281, 283
Mount Everest 71
Münze 189, 289f., 292
Muscheln 107
Muskelkater 232
Muskeln 30, 177, 230, 232, 233

Nahtod-Erfahrungen 174
Napoleon 206
Nasa 222, 289f., 304
Nase 14, 19, 64, 74, 150, 171,
    198, 201, 210, 215
Nikolaus 97, 212
Nikotin 44

Obstschale 112
Olivenöl 116
Olympische Spiele 228, 240
Opium des Volkes 209
Osmose 33, 114, 148
Osterhase 97

Penis 171, 238
Pferd 192, 206
Pi 131
Pils 120
Pilze 101, 110

Prozessweltmeister 133
PS 24

Radarwagen 275
Radfahren 238
Rasen, nasser 242
Rasieren 160
Rauschgift 142
Recht der ersten Nacht 199
Rechtsverkehr 206f.
Red Bull 91
Regenwurm 18
Rot 14, 228
Rousseau, Jean-Jacques 205

Salzstangen 37
Sauerstoff 54, 151, 174, 269,
    302
Schallplatte 186, 220, 259
Schallwellen 186, 306
Schatten 190
Schimmel 109, 267
Schlafwandler 178
Schlangenbisse 52
Schnee 74
Schokolade 97, 99
Schön trinken 124
Schusswaffe 78
Schweiz 78, 80, 199
Schweizer Messer 80
Schwimmen 69, 234, 236f.
Schwitzen 56, 96, 151, 233, 234
Sekundenkleber 50

Solanin 103
Solarzelle 305
Sommerzeit 255
Sonnenblumen 11, 30
Spacepen 304
Spargel 163
Spiegel 246f.
Spinat 101f.
Splitter 34, 40, 136
Spülmittel 253
Stand-by 268
Statistiken 67, 218
Stiere 14, 91
Stoffscheren 249
Stromausfall 67

Tachometer 284
Tanker 296
Taurin 91
Tee 92, 93, 148
Teflon 250, 252
Tiefkühlkost 100
Tomaten 103, 109, 112
Tomatensaft 94
Träume 172
Trobriander 59

Überspannungen 263
Uhr, innere 155
Urin 69, 91, 108, 163
UV-Strahlen 167

Vakuum 289, 302

Vanillin 113
Vegetarier 119, 214f.
Vitamin C 51, 110
Vollmond 38, 180

Wasser, destilliertes 148f.
Weihnachtsmann 212
Werbung 114, 212, 271f., 274
Werbung, unterschwellige 271f.
Wodka 122

Zahlungswilligkeit 134f.
Zahn 165
Zeitraffer 30, 174
Zigaretten 42, 44, 272
Zirkadianer Rhythmus 155
Zucker 278, 283
Zungenrollfähigkeit 169

© Klaus Kallabis

Christoph Drösser

Stimmt's, Herr Drösser, dass Ihre Bücher süchtig machen?

Stimmt's?
Moderne Legenden im Test
rororo 60728
«Bier auf Wein, das lass sein –
Wein auf Bier, das rat ich dir.»
Stimmt's? Alltagsweisheiten auf
dem Prüfstand.

Stimmt's?
*Noch mehr moderne Legenden
im Test.* rororo 60933

Stimmt's?
Neue moderne Legenden im Test
rororo 61489

Stimmt's?
*Moderne Legenden im Test –
Folge 4*
rororo 62064

Stimmt's?
*Freche Fragen, Lügen und
Legenden für clevere Kids*
rororo 21310
Stimmt's, dass Pinguine umfallen,
wenn Flugzeuge über sie hinweg-
fliegen? Gähnen ansteckend ist?
Pupse brennbar sind?

Stimmt's?
*Moderne Legenden im Test –
Folge 5*
Alltagsweisheiten auf dem Prüfstand: Christoph Drösser erweitert
seine Kolumnen um interessante
Tatsachen, die er bei der Recherche
gefunden hat oder die ihm Leser
nach dem Erscheinen zuschickten

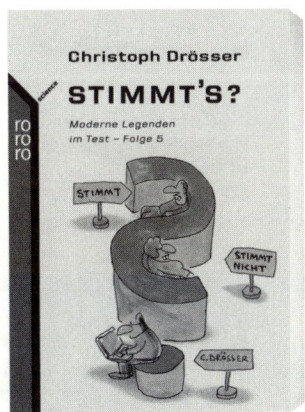

rororo 62310

Weitere Informationen in der Rowohlt Revue oder unter www.rororo.de